特色课程建设丛书
丛书主编　杨四耕

郭纪标◎主编

教师，生长的课程

华东师范大学出版社
·上海·

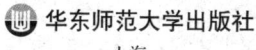

图书在版编目(CIP)数据

教师,生长的课程/郭纪标主编. —上海：华东师范大学出版社,2020
 (特色课程建设丛书)
 ISBN 978-7-5760-0609-4

Ⅰ.①教… Ⅱ.①郭… Ⅲ.①课堂教学-教学研究-初中 Ⅳ.①G632.421

中国版本图书馆 CIP 数据核字(2020)第 211185 号

特色课程建设丛书
教师,生长的课程

丛书主编	杨四耕
主　　编	郭纪标
责任编辑	刘　佳
项目编辑	林青荻
审读编辑	张梦雪
责任校对	侯心怡　时东明
装帧设计	卢晓红

出版发行	华东师范大学出版社
社　　址	上海市中山北路 3663 号　邮编 200062
网　　址	www.ecnupress.com.cn
电　　话	021-60821666　行政传真 021-62572105
客服电话	021-62865537　门市(邮购)电话 021-62869887
地　　址	上海市中山北路 3663 号华东师范大学校内先锋路口
网　　店	http://hdsdcbs.tmall.com/

印刷者	江苏扬中印刷有限公司
开　本	787×1092　16 开
印　张	11
字　数	162 千字
版　次	2020 年 12 月第 1 版
印　次	2020 年 12 月第 1 次
书　号	ISBN 978-7-5760-0609-4
定　价	34.00 元

出版人　王　焰

(如发现本版图书有印订质量问题,请寄回本社客服中心调换或电话 021-62865537 联系)

编委会

主　编
郭纪标

副主编
武　琼

编　委
郭纪标　唐文英　李曼华　刘长军　武　琼

丛书总序　走向课程自觉

这是一个焦虑的时代,每一个人都忙忙碌碌;这是一个无坐标的时代,很多人都不知身处何方;这是一个看不见路的时代,大家都不知该如何去面对新的情境;这是一个感觉模糊的时代,对很多事我们缺乏了应有的自觉和反思。

面对这样一个时代,我们需要有起码的文化自觉。在费孝通先生看来,文化自觉是生活在一定文化历史圈子里的人对其文化有"自知之明",并对其发展历程和未来有充分的认识。换言之,文化自觉就是文化的自我觉醒、自我反省和自我创建。

要提升学校课程品质,实现立德树人根本任务,文化自觉是不可或缺的。在我看来,课程领域的文化自觉就是课程自觉,它是人们基于对课程的理性认识,为着课程品质的提升而有清晰的目标意识和科学的路径观念,自觉参与课程变革实践的理性之思与理性之行。

课程自觉是一种有密度的自觉,它不是一个简单概念,而是一种思想、一种行动、一种文化,包含课程自知、课程自在、课程自为、课程自省以及课程自立等基本构成。推进特色课程建设,我们需要怎样的课程自觉呢?

1. 清晰的课程自知。课程自知是人们对特定课程情境的自觉理解,对课程理念和愿景的清晰判断,对课程内容和框架的基本认识,对课程实施路径和方位的整体把握。认识课程,认识自我,这不是一件容易的事。对一位校长来说,课程自知意味着对学校课程规划的整体理解,自觉研判学校文化与课程建构的关系、育人目标与课程架构的关系、资源调配与课程实施的关系;对一位教师来说,课程自知意味着对学科课程群建设的自觉思考,自觉跳出"课程即科目""课程即教学内容"等狭隘的课程观,建立与立德树人要求相适应的崭新课程观。

2. 透彻的课程自在。萨特说:存在先于本质。他曾将存在分为自在的存在和自为的存在,自在的存在是物体同其本身等同的存在,自为的存在是同意识一起扩展的存在。课程自觉需要深刻理解课程自在的文化,需要完整把握课程自在的处境,需要清晰认识课程变革的制度环境和现实可能,进而意识到哪些是可为的,哪些是不可为的;哪些是必须做的,哪些是可选择的;哪些是自己即可为的,哪些是需要制度支持的。

3. 积极的课程自为。按照萨特的观点,自为的存在是自我规定自己存在的。意识是自为的内在结构,自为的存在就是意识面对自我的在场。对课程变革而言,课程主体按照课程发展规律,通过自身的自觉行为和实践实现课程品质的提升,就是课程自为。课程自为意味着我们对课程自在的不满足,意味着我们开动脑筋思考课程变革的空间,意味着我们通过直面本己的课程实践培育新的课程文化,意味着我们在积极的卷入中推进课程深度变革。

4. 深刻的课程自省。课程自省即课程反思。杜威(1933)曾将反思解释为"思,我所思(thinking about thinking)",他鼓励专业人士审思每一个专业判断之下的潜在逻辑。课程变革是一种反思性实践,需要对实践进行反思,再将反思带到新的实践中去。反思性实践是一种主动且持续地审视理论、信念和假设的过程,它可以帮助我们在课程实践中更好地理解自我与他人,选择合适的方式应对可能的情境。课程反思是凌驾于思维之上的更高层次的反思。当你站在既定的框架里去检查这些规则的时候,是无法发现这些规则的问题的;如果你可以跳脱出来,不带评判和预设的去分析这些规则,其中的不妥之处就会被你看到。课程反思是一种能力,当你掌握了这项能力的时候,你就像"觉醒"了一样,一样的世界,你却会有不一样的"看法"。这就是哈贝马斯所谓的"沟通理性"概念,提升课程品质特别需要这样一种理性:反省、批判和论证。

5. 持守的课程自立。《礼记·儒行》:"力行以待取。"每一个人只有在自己的行动中,才能发现自己,才能向世界宣布他具有怎样的价值。课程自立是一个人认识到课程变革是自己的事,要有自己的立场、自己的创见,自持自守,不为外力所动,不随波逐流,进而"回到粗糙的地面"(维特根斯坦语),自觉参与到课程变革中来。课程自立本质上是在课程自知、课程自在、课程自为以及课程自省的作用之下,依靠自己的自觉和力量对课程实践有所贡献,并在此过程中逐渐提升自己的课程能力和专业成熟度,确证自己的"课程人"地位,成为"自己的国王"。

当我们有了清晰的课程自知、透彻的课程自在、积极的课程自为、深刻的课程自省以及持守的课程自立的时候，我们便作为"有创见的主体"主动地介入到课程设计、实施、评价与管理的全过程之中了，学校课程深度变革便自然而然地发生了。

费孝通先生说："文化自觉是一个艰巨的过程。"让课程意识从"睡眠状态""迷失状态"到"自觉状态"，也是一个艰难而痛苦的过程。可喜的是，本套丛书的作者秉持课程自觉之精神，聚焦特色课程建设，在课程自知、课程自在、课程自为、课程自省和课程自立方面掘进，迎来了课程变革的新境界！

杨四耕

2020年7月3日于上海市教育科学研究院

目　录

前言　我的课程,我做主　/ 1

第一章　课程即美学情愫　/ 1

忽视从美学的角度去探讨课程议题是当下学校教育的普遍情形。美是第一眼看到不假思索的愉悦感觉,是心灵深处回荡的美好体验。美学是一种认识论、一种价值观,课程是一种美学文本。对教师来说,美学经验是一种承诺、一种追求;对孩子们来说,美学时刻是观看、倾听、体验的新方法。美学让世界说话、唱歌、跳舞,让教育充满惊异感和意义感。善用所有感官知觉世界的存在,利用各种媒介创造生活的意义,让每一个生命充满好奇心,这便是课程的旨趣。

醇美语文:慢慢生长的心根　/ 2
潮美术:让课堂充满时尚感　/ 15

第二章　课程即生活经验　/ 27

课程即事件、即生活、即经验。曾经发生或正在发生的任何事件,教师都可以采纳为课程。当我们把一切预先所定的暂时搁起,重新做一番筹备,当我们关注新发生的事情接近预先的目标,活跃的课程就有可能要进入我们的视野,钻进我们的实践。对生活的发现,对生活的感受,是源于课程发生之前的积累,虽然我们对生活的发现和感受是在无意识状态下形成的,但这是"前课程"的基因。虽然孩子们还缺乏观察生活的习惯,缺乏对生活探究的意识,但这是课程之所以必要的原因。把生活融入课程,让课程服务生活,最后提升生活品质,是课程即生活经验的魅力和归旨。

加减美术:点燃创意的魔法棒　/ 28
生活数学:智慧王国的护照　/ 36

第三章　课程即生命张力　/ 49

作为独特的生命个体,每一个孩子都是丰富的世界。当我们以"蚂蚁之眼"放大每一个细节,认真观察孩子们的一言一行,体悟每一句话、每一个动作背后的动因时,就会发现这里面有超越我们想象力的内在力量在左右生命的存在和生长。教育的本质是为了提高生命的质量,课程要有生命意识,要彰显生命的立场、凸显生命的张力,要看得见活生生的人。其实,课程的本质是不断接近的生命关怀,是行走的人文风景。

淳真语文:把真善美融进语文　/ 50
活力英语:人是演绎着的语言　/ 58

第四章　课程即内在觉醒　/ 69

每一个孩子身上都有一个"开关",教育的关键在于能否找到这个"开关",并触动它,让孩子深深地爱上学习。一个孩子是否喜欢这门课程,在很大程度上取决于学这门课程能否让他持续地体验到愉悦感,是否让他产生内在觉醒的自由感,是否让他拥有深深眷恋的游戏感。为此,我们要创造一个使他的好奇心能够自由发挥的时空,设计能够让他获得成就感的必要难度,建构使他生命觉醒的兴趣"雷达",在雷达搜索范围内,不断"哄着"大脑前行在美好的生命图景里。

动感英语:打开语言学习的开关　/ 70
趣味物理:物理也可以很妩媚　/ 76

第五章　课程即多彩世界　/ 87

青春是快乐而灿烂的,享受学习是青春的一部分。教育绝不能给孩子们带去苦恼和压抑,更不能给孩子们带去厌恶学习的种子,这将是一生的灾难。我们要用青春的眼睛去看,用青春的心去想,用青春的情去琢磨,怀着对生命的美好憧憬去理解,如此才能勾画出多彩的世界,酝酿出最好的想法,塑造出最美好的心灵。"境非独谓景物也。喜怒哀乐,亦人心中之一境界。"让我们以"美"为境界,以"思"为核心,以"情"为纽带,以"活动"为途径,以"世界"为源泉,让孩子们自由生长!

多彩物理:情景交融的瑰丽世界　/ 88
活力化学:情丝交织的学习旅程　/ 98

第六章　课程即深度参与　/ 109

孩子是学习的主人并且有学习的主动性、潜在性和差异性,作为教师,要充分信任学生,把课堂还给学生。教师不仅要关心孩子学习后知道了什么,更要关心孩子在价值观念、思维方式、生活方式等方面发生了怎样的精神变化。教师要努力使孩子的经验世界从不同方面持续丰富,在此基础上促进其经验世界与以知识为典型的社会文化进行沟通和转化,并实现对这些文化知识个性化和创生性的占有,通过感知与理解、抽象与移情、感悟与升华、体验与反思等活动过程,生成新的意义。

快乐美术:一门可以玩的艺术　/ 110
快乐足球:另眼相看玩花样　/ 118

第七章　课程即知识繁殖　/ 129

课程是富有繁殖力的知识,而不是静态的、死亡了的知识。孩子在形成知识的过程中,如果能像学科专家一样思考,就可以选择、处理、调用并建立自己前后连贯的知识体系,从而形成稳定地看待世界、看待自然界、看待人类社会的观点与思考方法,这就形成了活的知识。孩子在某一个学科体系的关键领域中,经过引导、体验、探究、规范化的练习,获得一系列优质特性,这样可以将孩子们从确定性知识和程序性、普适性技能的规训中"解放"出来,超越固有经验的限制和束缚,从而唤醒他们的内在精神,凸显他们的自主与自觉意识。

情悟语文:以情悟道的架构　/ 130
魅力化学:摇曳生姿的世界　/ 141

后记　/ 153

前言 我的课程，我做主

教师是课程价值的实现者。课程只有经过教师，才能从静态的文本向动态的课程转变。近几年，随着"教师即课程开发者"、"教师不是课程的简单执行者，而是课程的创生者"等课程观的确立，课程开发得到教师的普遍认可。英国教育家怀特海曾说过："教育只有一种教材，那就是生活的一切方面。"人是开放的、创造性的存在，而僵化的课程形式作用于学生，只会限定和束缚他们的自由发展，无法培养学生的核心素养。

课程预设着教师的专业行为，教师以自己对课程的独特哲学理解悄然改变着课程的架构。麦克唐纳认为，教育活动系统是由教育目标系统、课程系统、教学系统和管理与评价系统构成的。教师要合理地展开教育活动，需要对四大基本系统形成完整清晰的观念和认识。其中，教师对课程系统的理解与把握乃至创造的程度，反映了教师课程意识的觉醒状况和课程建设的专业水平。因此，从教师专业发展的角度来看，教师课程意识的觉醒水平表征着教师专业发展的程度。

教师的课程意识应是教师在履行专业职责、完成专业工作任务的过程中，基于一定的教育理论与职业理想，通过在与周围环境，特别是与职业工作环境相互作用过程中所形成的能够指导自身课程实践的关于课程的本质、规律及特征的体验。课程意识的形成与完善伴随着教师的整个职业生涯，其程度与水平同教师的专业成长相伴而生、息息相关，是一种专业化的社会职业意识。

教师的课程意识包括四个重要部分：一是课程哲学意识，所谓课程哲学意识，就是教师要能够从整体的角度来理解课程在育人过程中的作用及自身秉持的课程理念，能够自觉地立足于本学科，把握学科价值和学科性质，从学科核心素养的角度来思考课程问题，建立学科教育观；二是课程目标意识，教师在课程中生存，他必须清楚自己的课程目标是什么，如此，课程才有方向；三是课程内容意识，所谓课程内容意识，就是对教什么和学什么的基本见解，这些见解对于课程发展都有着重要影响；四是课程实施意识，也就是课程实施途径、实施方法以及评价和管理的基本认识。

毋庸置疑，课程变革从根本上来说就是人的变革，它的成功推行需要教师专业能力的支撑。美国著名课程论学者舒伯特认为："课程改进的关键在于教师的发展，在现实意义上，专业发展就是课程发展。"教师是生长着的课程，在进行课程改革的过程中，教师的课程修养直接影响着教师的课程开发。教师对学科教学教法的掌握，处理各项事务的能力和教学的实践经验，这些都与教师的课程知识有着密切的联系。

联合国教科文组织的一份报告中指出："未来的学校必须把教育的对象变成教育自己的主体。受教育的人必须成为教育他自己的人；别人的教育必须成为这个人自己的教育。这种个人同他自己的关系的根本转变，是今后几十年内科学与技术革命中教育所面临的最困难的一个问题。"上海市七宝第二中学以"快乐学习，自能发展"的口号打造了别具一格的校园文化氛围，以丰富的社团、集会、探访的形式，通过构建多样化的课程内容与课程实施途径，创设多种形态的学习情境，共开设了丰富的五大类课程。科学探索类：天文气象、生活中的化学、数学思维、航天科技、环境科技、机器人、3D打印、烘焙、动漫制作等。艺术人文类：小小主持人、上海闲话、日语、经典文学英语、藏书票、书法、合唱、篆刻等。实践交流类：二中讲坛、科技节、足球节、英语节、国际理解课程、海外游学等。身心健康类：女/男子足球、陈氏太极、跳舞、心理等。德育类：文化探访、志愿者服务等。这些课程使教师在自己平凡的岗位上大放异彩，使学生在这样良好的学校环境中健康成长。

上海市七宝第二中学成立了学校课程开发小组，成员由教学副校长、教导处主任、科研室主任、年级组长、学术委员会以及校外专家与学者等组成，先后制定了《课程管理条例》、《学生选课制度》、《学生选课手册》、《课程实施办法及评估》等，从顶层设计到落地实施，再到提炼精华，让课程建设更加有迹可循、章法鲜明。课程的选修方式打破了年级、学科的界限，学生可以根据兴趣爱好和教育需求选择适宜学习的课程，走班上课，并能在学习的过程中接触到不同年级的伙伴，促进自身成长，培养交流合作的能力。

在课程建设中，我校通过开展宣讲、研讨活动，不断增强师生对课程建设的理解度和认同度，提升公众的知晓度，实现全员知晓、全员参与，最终形成了学校的品牌。目前，85.3%的教师能够主动开发和利用校内外的课程资源；92.5%的教师能够充分关注学生的发展需求、能力水平，在课堂教学中注重情境设置、学法指导，创设更多的情境体验，真正做到了"我的课程我做主"。

在推进教师参与课程开发的过程中，我们深切地感受到，教师专业发展必须把思想和行为结合起来，不能有行为没思想，也不能有思想没行为。教师们大都注重教育实践行为，至于行为背后的课程意识，他们则不大关注，认为那是专家的事情，这恰恰是他们陷入当前教学困境的主要原因之一。不管如何进行教师专业发展，必须要把理论与实践结合起来。宣讲理论，要让理论能够在实践中得出；推进实践，要把行为置于理论的背景之下，这样才能够使教师专业得到有效的发展。

教师的课程意识决定了其课程行为，课程行为也反作用于课程意识。人的任何意识的形成，主要是自主的作用，教师必须发挥自主意识，在多元的课程取向中选择适合自己的，然后才能够坚定起来，才有兴趣和有能力发展出自己有效的课程行为。因此，教师其实是生长的课程。

课程开发需要理论指导又要有专门训练的实践，参与课程开发为教师提供了课程研究的机会，也对教师提出了新挑战。因此，教师要认识到自身的不足与缺陷，时刻注意影响自己课程开发的各项因素的调节，实现师生之间的互通互动，共同成长，进而推动课程改革向前发展。

第一章

课程即美学情愫

忽视从美学的角度去探讨课程议题是当下学校教育的普遍情形。美是第一眼看到不假思索的愉悦感觉,是心灵深处回荡的美好体验。美学是一种认识论、一种价值观,课程是一种美学文本。对教师来说,美学经验是一种承诺、一种追求;对孩子们来说,美学时刻是观看、倾听、体验的新方法。美学让世界说话、唱歌、跳舞,让教育充满惊异感和意义感。善用所有感官知觉世界的存在,利用各种媒介创造生活的意义,让每一个生命充满好奇心,这便是课程的旨趣。

醇美语文：慢慢生长的心根

课程主张　有一种语文叫"醇美"

醇美语文是一种境界，它是自由对话的、清晰简约的、追求质朴自然的、实现自我的课程，它就是让语文成为生命的醇美所在。它追求深层的精神力量，而绝不是以某种抽象的思辨抵达思想；它追求身临其境之感，而绝不是游离于语言文字的种种渲染和演绎；它追求情感的自然纯朴，而绝不是直白地宣泄某种情绪和社会意识；它追求言语的内在气韵，而绝不是机械的操作和刻板的模塑。

一、设境

所谓设境，就是将语言文字设计成特定的情境、意境、心境。

教室，既是物理意义上的存在，也是精神空间和思想空间构成的基础。"一个空间的形态会深刻地影响到教育本身的进程与实践的方式，甚至会彻底地转换一种根深蒂固的教育观念。"开放教室空间，创设与教学内容相应的情境，创造和渲染情感氛围，以满足学生交流、分享、沟通、反思、表达、传承等活动的需求，支持学生个性化学习。教学情境的创设方法有很多，例如，有效利用教室座位空间、教室后无座空间、墙角空间、墙壁空间等。

在教授《童话般的太空城》这篇文章时，为了使学生更好地走进文本，我和学生一起发挥了创造性的想象力，重新布置教室。改"秧田式"座位排列方式为"四周型"，形成人人平等的空间格局;教室后方开发出"创意角",展示学生制作的太空创想作品;四周的墙壁空间展览学生用线条、色彩描绘出的心中的太空城。这样,整间教室被布置成奇妙的宇宙世界,学生一走进来就感觉融入了科幻世界的氛围中。同时,我请学生上网查找"人类对太空的探索"的相关资料,并且集合大家的智慧,将查阅到的资料统一上传到班级网络空间中,激发学生的学习兴趣。

"方寸之间彰显精神",教室空间应该是一个情境的、现象的、经验的、综合的生命体。要注意创设与教学内容相应的情境,创造和渲染情感氛围,让学生有身临其境之感,激发学生深层而无声的精神力量。

除了要利用好教室这一物理空间之外,还要想方设法地让学生自己进入情境,积累情感。《百合花开》这篇文章,运用拟人的手法,通过层层衬托,塑造了一个充满灵性,大智大慧的野百合形象。在作家笔下,野百合是我们整个人类的隐喻,在生命的某个阶段,我们每个人本质上都是野百合,但只要有一颗开花的心,经历艰难生长的丛林法则和刻苦磨炼的生命法则,我们就能认识自我,看清自我,坚定自我,就能一花独放,以灵性的洁白和秀挺的风姿成为断崖上最美丽的颜色。在百合开花的过程中,除了要克服偏僻的自然环境外,还要接受复杂人际关系的挑战——野草的鄙夷、蜂蝶鸟雀的"善意"规劝。

我让学生思考:孩子们,如果你是这株小百合,面对野草的鄙夷、蜂蝶鸟雀的"善意"规劝,谁对你开花信心的影响更大?有学生说:"野草的杀伤力更大,当你在努力的时候,他们总在说一些难听的话,这会动摇一个人的决心,可能会使自己丧失信心。"有学生说:"蜂蝶鸟雀这样类似于好朋友般设身处地为你着想的方式,更容易令小百合努力地开花。"有学生说:"他们都会对小百合造成影响,就比如我,有次我成绩滑坡得很厉害,几乎失去信心,我的身边有各种各样的声音搞得我心烦意乱。所以,这种复杂的人员环境很锻炼小百合的心理。"引导学生抓住几个"动情点","因势利导"进入作家创设之境,体会林清玄借百合花所追求的做人的最高境界。

这种境界,要让学生有自己的感受,有自己的体会,有自己的嚼头。这就是设境。

二、入情

所谓入情，就是置身于语言文字所营造的情境中，体验其承载的情感、情味和情怀。课堂若是有感情的浪花，师生就会精神振奋，独特的感悟、别有情味的语言就会如泉水叮咚，汩汩流淌。

做教师不能没有情感，教师在课堂上精神饱满，激情洋溢，才能激发起学生浓厚的学语文的愿望和热情。教师自己要情动于中，深入文质兼美的一篇篇课文之中，并深受感动，只有感动自己，才能感动学生。

诸葛亮的《出师表》就是语重心长、真挚感人的典范。从分析形势到进言劝谏，到出师明志，到临别寄情，全文624个字，句句恳切，字字真诚，感人至深。"亲贤臣，远小人，此先汉所以兴隆也；亲小人，远贤臣，此后汉所以倾颓也。先帝在时，每与臣论此事，未尝不叹息痛恨于桓、灵也。侍中、尚书、长史、参军，此悉贞良死节之臣，愿陛下亲之信之，则汉室之隆，可计日而待也。"作为刘备临崩托孤的老臣，对昏庸无能的幼主刘禅既说理，又举例，百般启发、引导，期望之殷勤，情感之恳切，可昭日月，真是字里行间都是情。前人说，读《出师表》不流泪的不是忠臣。今日学习的时候，只拘泥于几个文言实词、虚词的掌握，挤掉"情"，丢弃"情"，文字便成为干枯的符号，文章也就立不起来，感染力也就消失了。理性的光辉，形象的光彩，语言的魅力，娱目、悦耳、激情、励志，融入生命血脉，怎可能不出现个性化的体验？教学时怎可能不激情洋溢？

英国女作家伍尔夫曾说："要尽力与作者融为一体，共同创作，共同策划。如果你不参与、不投入，而且一开始就百般挑剔，那你就无缘从书中获得最大的益处。"因此，真正意义上的阅读，不仅是接受，更是一种沟通、交流，使自己的认识深化，思想升华，感情净化。《庄子·渔父》也说："不精不诚，不能动人。故强哭者，虽悲不哀，强怒者，虽严不威。"教学要求真，教师真爱学生，真倾心于语文，必然精神抖擞，真情实意伴随着语言的流淌，叩击学生的心扉，在学生心灵深处引起悦耳的共鸣。

有些文章看来平淡，但平淡中寓深沉，平淡中见真情，这就要仔细地从语言中去品味。如史铁生的《秋天的怀念》，文中讲述了自己双腿瘫痪后，几乎丧失了生活的勇气，是身患重病的母亲用体贴入微、深沉无私的爱使自己明白了生命的意义，重新燃起生活的信心。

全文大部分都在强调，面对母亲的细心关爱，突然瘫痪的儿子不领情，他完全沉浸自己的痛苦中，完全忽略母亲身体的疾病、内心的痛苦。抗拒母亲的爱毫无愧色地流露出来，而幡然醒悟却是母亲被抬着去医院的永别之时。这篇文章的感人之处就在于写出了亲子之爱永恒的特点，那就是爱的隔膜。如何激发学生的学习兴趣，进入课文之中，与作者、与作品中的主人公对话、沟通、交流，并从中获得教益？这就要潜心研究课文，抓住文章中最有情感含量、最能表现内心世界的语句，点燃学生思维的火花。"我懂得母亲没有说完的话。妹妹也懂。我俩在一块儿，要好好儿活……"看似平常，但寓意极深，感情十分深沉，又十分沉重。如何体会母亲所说的"好好儿活"蕴涵着的深情？引导学生进入课文，通过品味母亲"悄悄地躲出去"、"又悄悄地进来"的小心翼翼；"扑"、"忍"、"央求"的隐忍，直到母亲被三轮车拉走，才意识到自己自私、冷酷、残忍的片段，才能体会"好好儿活"这四个字饱含的深情。

作者的叙事、描写，字字句句总关情。师生共同深入课文，认真体验文中的场景，感情在语言的咀嚼、品味中就会受到良好的熏陶。但是，语文教学中的"情"切不可东拉西扯，切不能随意拔高、挥洒。教学最可贵的是求真，唯其"真"，才最能入目入耳入心，才最能使人感动。

三、会意

所谓会意，就是在特定的情境中感悟并体会文字所包含的意义、意蕴和意趣。我们常说，话中有话、言外有言，这是中国人讲话的艺术。任何一个好老师，每堂课都是精心准备的，既充满激情，又不可重复。如承认讲课是一门艺术，课堂即舞台，单有讲演者的"谈吐自如"远远不够，还必须有听讲者的"莫逆于心"，这才是理想状态。

林斤澜的《春风》，生活在南方的孩子是不太能理解北方的春天的——"只见起风、起风,成天刮土、刮土,眼睛也睁不开"。首先,吹在脸上并不舒服,像针扎似的;其次,声音也不好听,呜呜的、哄哄的,扑在窗户上,沙拉沙拉的,似乎并没有音乐感或是美感。但是"苍苍草原"、"莽莽沙漠"、"滚滚而来",作为春天的使者,风横扫苍茫大地,经历着磨难,带着一种豪迈、苍劲的气势。学习这篇文章,就是要丰富学生对春天的多元感受,打开学生的心灵,学会欣赏北方春风粗豪的美。

《诺曼底号遇难记》中写了两次船上混乱的场面:

> 震荡可怕极了。一刹那间,男人、女人、小孩,所有的人都奔到甲板上。人们半裸着身子,奔跑着,尖叫着,哭泣着,惊恐万状,一片混乱。海水哗哗往里灌,汹涌湍急,势不可当。轮机火炉被海浪呛得嘶嘶地直喘粗气。
>
> ……船员赶紧解开救生艇的绳索。大家一窝蜂拥了上去,这股你推我搡的势头,险些儿把小艇都弄翻了。奥克勒大副和三名二副拼命想维持秩序,但整个人群因为猝然而至的变故简直都像疯了似的,乱得不可开交。几秒钟前大家还在酣睡,蓦地,而且,立时立刻,就要丧命,这怎么能不叫人失魂落魄!(节选)

都是混乱的场面,文中第 11 节已经写了混乱场面,为什么第 15 节还要再写呢?文章为什么要描写两次混乱场面呢?

生:第 11 节船突然剧烈地震荡,船上的人不知道是怎么回事,本能地奔跑、尖叫、哭泣,真实地写出了人们面对突然到来的灾难的表现。

生:海水哗哗往里灌,汹涌湍急,势不可当。太吓人了,而且是黑夜,茫茫大海上,完全丧失了安全感。

生:13 节船长命令把救生艇放下去,之后场面更加混乱了,因为每个人都想活下去。15 节就表现了这种场面。

师:这就是利己主义!事故刚发生时,混乱可以理解,但放下救生艇时,大家争抢求生机会,就太自私了。这时候船长必须发出更加严重的警告,才可以控制局面。

生:两个场面的乱,与哈尔威船长镇定、出色的应变能力形成对比。

师：结果如何？

生：除了哈尔威船长，大家都得救了。哈尔威船长如黑色雕像一般徐徐沉入海中。

师：这两个场面烘托出一个真正有自制力的强者形象，为我们呈现出一种悲壮的美、崇高的美。

以美为突破口，以情为纽带，以思为核心，以学为途径，拨动学生"趣"的心弦、"美"的情感，使学生兴趣盎然地投入语文学习，去发现表面上平淡无奇的字里行间所蕴涵着的汉语之美、文章之美、人性之美以及大自然之美。而这种"发现"的能力，并非自然而然形成，而是需要长期的训练与培育。这方面，教师的"因势利导"很重要。

四、求气

所谓求气，即在特定的情境中，探求语言文字的声气、节奏和神韵，就是"'以意逆志'，设身处地，激昂处还他个激昂，委婉处还他个委婉"。这是一种由"悦耳悦目"到"悦志悦神"的愉悦的审美心理过程，它不但给人以认知而且还给人以精神享受。

李泽厚在《"意境"杂谈》中说："看齐白石的草木虫鱼，感到的不仅是草木虫鱼，而能唤起那种清新放浪的春天般的生活的快慰和喜悦；听柴可夫斯基的音乐，感到的也不只是音响，而是听到如托尔斯泰所说的'俄罗斯的眼泪和苦难'，那种动人心魄的生命的哀伤。也正因为这样，你才可能面对着这些看来似无意义的草木虫鱼和音响，而'低回流连不能去'了。"这是有道理的。主客体在互相碰撞之中产生了"美的历程"，即由悦耳悦目抵达悦心悦意、悦志悦神之境。美读意味着审美主体深入文本内核，同作者（文本）在鲜活的生命律动中展开审美交往，从而在审美创造中体味物我同化、通融一体时同构交感的生命悸动。如诗人朱湘的《采莲曲》、戴望舒的《雨巷》、徐志摩的《再别康桥》就十分适合这种美读的教学方法。

朱湘的《采莲曲》是基于用韵、平仄基础上对古典诗词传统的继承与创新,对民歌的学习,表现出无与伦比的音乐美。诗歌采用了整齐变化,错落有致的格式。诗歌每一节的行数统一,诗行的字数音节数统一:每节的音节数是 2、3、2、3、1、1、3、1、1、3。每节用韵的格式也一致:一、二、四句用一个韵,五、六、七句同一个韵,八、九、十句换另一个韵。错落变化,匀称和谐,是一首典型的新体格律诗。

　　音韵上的细腻流动叠合着采莲姑娘置身其间的荡漾湖水,每一诗节长、短句有规律的组合在节奏上美妙地模拟了采莲的具体动作过程(有心者可以在其中发现采莲的详细行为步骤),甚至,每一诗节的文本外形还模仿了一枝带着茎干和叶片的莲蓬。整首诗,从内容上看,完整地呈现了一幅美丽动人的江南采莲图。美美的朗读中,采莲少女纯净无邪,不为世俗所污的形象浮现在学生面前。

　　我们的母语,是世界上最具有音乐的节奏、最美的语言。所以,我们语文老师有责任让我们的学生好好读书,会感性的、复沓式的、一唱三叹的朗读。

　　"盈盈一水间,脉脉不得语",语文的美是牵手的一瞬间;"咽不下玉粒金莼噎满喉,照不见菱花镜里形容瘦",语文的美是菱花镜里模糊的泪;"路漫漫其修远兮,吾将上下而求索",语文的美是艰难跋涉中的一声叹息;"竹径通幽处,禅房花木深",语文的美是清净脱俗的美好山水;"我是你河边上破旧的老水车",语文的美是老水车吱扭声里河水慢慢的流过。语文的醇美,是一种浪漫的情怀、一种自由的精神、一种高贵的灵魂,一种有尊严和价值的幸福的存在。

课程设计　醇美阅读

一、课程背景

　　现在的学校拥有更多、更好的资源和教学材料,例如,科学实验室设备、教材、教学用计算机和软件。图书馆设施进一步完善,配有先进的借阅设备,藏书丰富,阅读环境明显提升。此外电脑房、多功能室、舞蹈房、美术室、心理活动室等也给每一位学生提供了良好的教育资源。

同时,课程改革深入进行,现阶段的标志是实践者即学校主体意识的觉醒和专业领域研究者实证意识的清晰。有关寻找、确立与制定适合学校课程发展的标准与依据正成为学界的一种共识。也就是说,当我们讨论课程时,我们是在考虑未来国家公民的人生,不是生命,而是考虑他们可能持有的生活模式和个性体验,是他们逐渐展开的人生经验。不过,课程本身不会给学生带去这种经验,而是学生经历的学校生活以及学校课程这种载体会给予他们不同的文化实践。学校课程结构体系经历了由单纯追求数量到开设出一些颇具"特色"课程的变化过程,当我们把课程开发与育人价值相关联和对应之后,便形成了我校独特的群组课程。它紧紧围绕关键学习素养的培育而开设,具有鲜明的校本特点。它以学生的全面成长为根本出发点,努力打破学科壁垒,帮助学生更为整体地理解这个世界、更为综合地解决问题。

上海作为一个国际化大都市,正处于城市现代化、区域国际化的快速发展时期,一方面本地居民享受到拆迁带来的红利,物质生活比较富裕;另一方面,一大批非本市户籍持居住证务工人员大量涌进,纷纷将其子女带入并就近入学。家长自身教育文化程度有限,很难提供适宜的家庭学习文化氛围。家庭环境、家长教育观念和文化的差异,给教育教学工作带来了相当大的难度。

基于上述原因,学校在校本课程的建设上一方面侧重对课程内容的关联度、实施的逻辑作进一步深究以实现课程的优化、重构、回归、再生,即课程的升级;另一方面结合学生的能力和特点,从尊重学生差异起步,以调动师生教与学的主动性、积极性、创造性为核心,重在培养学生的质疑能力、探究能力、创新精神、反思重构能力等,让学生在体验与创造中学习,促进学生个性化多元发展。"醇美阅读"课程的建设和推进,意在培养学生的形象思维、创新思维以及批判思维。让学生喜欢阅读、融入阅读;使家长转变教育观念,改进教育方式,和孩子共享阅读,体现阅读价值,实现家庭教育和学校教育的有机整合。

二、课程目标

1. 在阅读中浸入古典诗词类图书,感知和积累古诗词中独特丰富的意象,体悟诗词中的情感,培养淡雅、闲适的文学气质。

2. 在阅读中踏入文学名著,初步形成文学感觉,感受文学语言,在书籍的世界里丰富自己的生活。

3. 在听、说、读、写、演中发展创新思维以及批判性思维,感受阅读乐趣。

4. 亲子共读一本书,享受阅读的快乐和亲情的温暖,营造良好的家庭读书氛围。

三、课程内容

"醇美阅读"课程内容的整体设计思路是:在组织教材的内容框架时,遵循初中低年级认识事物的特点,在内容上由浅入深,充分开发文本拓展资源和社会资源。利用学校阅览室资源等,使学生在掌握一定的阅读技巧后,能通过学校提供的媒介发展阅读兴趣,提高听、说、读、写能力;在收集、交流、探究中发展个性、发展思维能力,增强学习的自信心和主动性,把目光从文本、校园引向更为广阔的社会。

(一) 听讲古典诗词

古典诗词内容中的"盛唐气象"以李白、杜甫、王维、孟浩然诗作作为例作吟读、感悟与背诵,了解李白、杜甫、王维、孟浩然的诗歌风格,学会摘录、背诵唐诗名篇;"词韵风流"以晏殊、苏轼、柳永、李清照的词作为例作,了解晏殊、苏轼、柳永、李清照的词作风格,学会摘录、背诵宋词名句。通过古典诗词的追溯,感悟中华文化的精致典雅之美,加速推进学生成为一个文化意义上的中国人。

（二）导读文学名著

文学名著内容包括《草房子》、《城南旧事》、《西游记》、《鲁滨孙漂流记》。小说是现当代文学的主流文体，与其他文学体裁相比，两百年来世界精神文化在小说中表现得最为充分。小说作为虚构文学的主流是培养学生想象力、强化想象力最好的文化产品。在指导学生阅读整本名著时，引导学生关注小说的"人物"、"情节"、"环境"、"结构"、"语言"、"主旨"等阅读小说应关注的核心问题，培养学生阅读文字书籍的兴趣和习惯，形成学生的经典意识，提升学生的阅读品位。

（三）分享读书报告

学生与家长共读文学经典，共同分享美妙的阅读过程。学生撰写完成读书报告，可以就阅读中最喜欢、最感兴趣、最有感受的内容提炼出一个题目，结合读书摘记中的内容，引用相关评论资料，构思成文。

（四）合作表演片段

表演朗诵李白、苏轼等文豪的代表诗词；角色扮演《草房子》、《城南旧事》、《西游记》、《鲁滨孙漂流记》等片段，老师加以指导。

（五）绘制读书小报

让学生将自己的读书摘录、心得体会、推荐欣赏等内容配上插图，制作成读书小报。

（六）宣传读书达人

结合学校开展的"读书节"活动，利用学校的微信公众平台，宣传读书达人，通过榜样的力量激发越来越多的学生爱上阅读。

四、课程实施

本课程通过借阅图书馆《草房子》、《城南旧事》、《西游记》、《鲁滨孙漂流记》等相关书籍,网络查阅相关资料等多种渠道获取教学资源。每周一节课,共十二节课。

(一)读诗词,气自华

设计各种形式进行诗词朗读,如教师范读、自由读、个别读、小组读、配乐朗读、表演读等方式,读出诗词的韵味、节奏和意境。这样不仅激发了学生的阅读兴趣,而且学生在自我朗读中也会有所感悟,为下一阶段的赏析奠定了良好的基础,也有利于培养学生的语言感悟能力。

(二)乐表演,趣生发

分小组进行表演。在读懂的基础上进行表演,从语言到动作再到眼神的细节把握是学生产生丰富情感体验的关键,这不仅能激发学生的学习兴趣,还能教会学生欣赏自己。

(三)练思维,能自长

教学中,带领学生探索阅读作品的基本路径和方法;帮助学生形成文学感觉,感受文学语言;逐步形成审美意识、情趣和能力。同时,指导撰写读书报告,培养学生有逻辑地表达观点的能力,促进学生思维品质的提升。

(四)学点子,美传扬

先选出一份读书小报,从配图方位到图画与文字的结合逐一进行指导,学会博采众长,培养学生表现美的能力。

(五)亮榜样,习养成

每周推选出一位"阅读小达人",在班级里分享阅读感受,并通过"21天亲子阅读挑战"活动,逐步养成阅读的好习惯。

五、课程评价

本课程主要采用以每周、每月的基本常规形式的评选活动为主的过程性评价，以学期末检测、专项考核为主的结果性评价以及以综合展示和资料整理归类为主的综合性评价。通过这个循序渐进的评价过程，我们可以了解学生的心理、情感、道德问题，及时提供帮助。同时，在评价过程中，必须重视和尊重学生的观点，要尽可能地从正面去鼓励，给予学生肯定和赞赏。具体的评价方法如下：

（一）过程性评价

每月，结合学生在阅读课堂上的表现、课堂投入阅读的状态和课堂交流讨论展示的情况，评选出"每周阅读小达人"、"每月阅读小达人"。

班 级	姓 名	每周阅读小达人	每月阅读小达人	其 他

（二）等第性评价

分为听讲古典诗歌、名著，合作表演，分享读书报告，绘制读书小报四个部分，以"3星级—5星级"为评价等级。

板 块	班 级	姓 名	等 级
听讲内容			
合作表演			
分享读书报告			
绘制读书小报			
总评 （优、良、中、差）			

(三) 评选性评价

期末,根据星级数量,评选出合作表演板块的"声情并茂小达人"、"惟妙惟肖小演员";分享读书报告板块的"言之凿凿评论家";绘制读书小报板块的"金牌出品人"等奖项,并向学生颁发奖状。

(撰稿者:武 琼)

潮美术：让课堂充满时尚感

> 课程主张　激发生命内在的兴奋感

所谓"潮美术"课堂，通俗地讲就是引领潮流，是前卫的创意，是传统经典的传承，是跳出现有内容上的瓶颈，走在别人前面，抓住时尚前沿，创作出有个性、有风格的东西。把社会上流行的时髦元素和含有文化底蕴的元素运用到中学美术教学中，以学生喜闻乐见的内容、形式开展富有视觉性、实践性、人文性、愉悦性的美术教学。

随着视觉文化时代的到来，涂鸦创意设计、插画创意设计和综合材料拼贴悄然蔓延，部分同学对此尤其感兴趣。新课标也明确指出，现代社会需要充分发挥每个人的主体性和创造性。对此，笔者主张把"时髦、潮流、含有文化底蕴"的元素融入中学美术教学中，并运用"先欣赏临摹，学技能，后创作"的方法，让学生上一堂含有文化底蕴的美术课。学习最潮流的美术元素和技能，在时髦、潮流、含有文化底蕴的元素中激发创新，在审美中开拓新思维，由此来培养学生的审美能力、创新意识，这是美术教师在美术教学中应当实现的教学目标，这将会带给学生一种前所未有的、发自内心的兴奋感、视觉的冲击力以及好奇心的魅惑。

一、动静相宜

《义务教育美术课程标准(2011年版)》(以下简称《标准》)对美术的"课程性质"进

行了总结，美术课程以对视觉形象的感知、理解和创造为特征，是学校进行美育的主要途径，是九年义务教育阶段全体学生必修的基础课程，在实施素质教育过程中具有不可替代的作用。因此，美术课程具有四个特征：凸显视觉性、实践性、人文性、愉悦性。

"凸显视觉性"是美术的基本特征，美术教育作为一门视觉艺术学科，其教学有赖于给学生呈现可供直观认识的视觉造型形象。这些造型形象可以是静态的范画、范作、模型、实物（如雕塑作品、民间工艺），也可以是动态的教师操作演示、多媒体展示等。这样做的目的是给学生一种强烈的直观视觉感受，进而提升其内在的审美经验或激发其动手操作学习的欲望。笔者提出的"潮美术"也同样包含静态和动态的教学形式，比如，涂鸦创意设计、插画创意设计和综合材料拼贴等"潮流"的教学元素。这些教学内容给人一种强烈的震撼人心的视觉效果，充分体现了《标准》中所讲述的凸显视觉性，有助于学生积累丰富的视触觉和多种感官的体验，并在此基础上对美术语言有基本的学习与认知，最终借助"美术"的方式进行表达和交流。

在"潮美术"课程《探索黑白灰之美》中，教师选取具有民族特色的、有文化底蕴的"陶罐"作为绘画主体，学生通过寻找陶罐图片中的"黑白灰"得出高中低三种调子给人不同的画面感受，尝试用黑白灰创意性地表现不同造型的花瓶，最后进行小组自评与互评，全班同学一起给各个小组打分，教师点评。在"潮美术"课程《传统与潮流服装系列书签设计》中，教师选取服装这一题材，引导学生制作简单的服装书签，或依附于动物、人物外的复杂书签，如：穿披风的异国短毛猫，穿旗袍的时尚女子。学生通过各种渠道查找自己感兴趣的含有国内外潮流的服装图片，选择其中一个国家或者民族的服装，着重学习服装外形的设计和内部的纹样装饰，最后剪下外形，并添上流苏丝带等装饰，部分学生甚至还去塑封了书签。《美丽的朵帕》一改以往的服装设计风格，把焦点放到了更具有代表性的帽子设计和大地散花纹样装饰上，最后小组代表上台，头戴小组合作设计的帽子，集体表演新疆舞蹈并全班点评。这些"潮美术"课程充分体现了内容上的创新与形式上的创新相结合，课堂氛围热闹，师生关系融洽。

二、兼容并蓄

"潮美术"课程作为人文学科的核心之一,凝聚着浓郁的人文精神和传统文化。它不仅是历史的印记,记录了人类特殊的存在与生活方式,也诠释了人的情感、意志、道德等精神内涵。据此,"潮美术"课程不是单纯的技术教育,它孕育于丰富的人文背景之中,使学生共享人类社会的文化资源并积极参与文化传承。"潮美术"传承了这样的人文理念,以国内外"传统文化、民族潮流文化"的理念为背景依据,先让学生充分了解文化背景后,再详细介绍其相关技法,最后创作个性的且不失文化内涵的"潮美术"作品。

时髦性和人文性是"潮美术"课程主题设计的首要依据,时髦性即体现了"潮",只有紧跟时代发展的时髦美术才能称得上是"潮美术"。而人文性则是对时髦性的升华,它需要"潮美术"的课程主题孕育于丰富的人文背景之中。创意性即为产生新见解的思维活动过程,是主题设计最难的部分。创意的关键就是"变",懂得"变"就懂得创新。在一堂"潮美术"课程的主题设计中,教师对"内容上的创意与形式上的创意相结合"是铺垫与伏笔,这样学生的创意才可能发生在主题实施的各个环节中。例如,在《我们都爱卡通》的语言活动中,学生在教师的引导下,对卡通人物的故事情节进行创造性续编,于是对卡通人物设计有了更多动态的新想法。在游戏活动中,学生利用绘画和综合材料对卡通人物进行各种创意的平面绘画及立体制作。如,手脚都会动的卡通人,有的学生甚至在此基础上用综合材料做成了立体卡通人。基于这个认识,在主题实施的过程中需要尊重学生创造性的想法和自由表达。只要学生在原来的单一想法上有了"变"的思维,我们就要积极地肯定并且将其创意完整地保留下来。当主题保留了不同初中生的创意后,这些创意就汇成了宽松、自主、创新的基调。在这样的"潮美术"课堂氛围中,学生的思维更加活跃和发散,他们的热情更为高涨,创作灵感可以不断地涌现与不断地创新。

《标准》强调美术课程具有实践性和愉悦性。"潮美术"课程同样具有"操作性"与

"实践性"(如涂鸦创意设计、插画创意设计和综合材料拼贴中的画、染、刻、筑、雕、织、折等技法),它们均涉及对二维或三维视觉形象的造型加工与创作。在此过程中,由于美术具有情意性、不确定性的学科特质,学生的想象能力、实践能力和创造能力可以得到有效激发,其过程中的体验性、游戏性可以使学生享受美术学习过程的乐趣,这是增强学生自信心、改善与调节情绪、养成健康人格的必要前提。

《美丽的朵帕》正是根据学生们从新疆带回来的帽子纪念品而设计的具有民族文化底蕴的潮流课程。他们甚至还会去上海 M50 创意园门口的创意涂鸦墙寻找当代流行的涂鸦书籍进行临摹和创作。可见初中生对于潮流的新颖绘画题材和具有地方民族特色的纪念品都表现出了浓厚的兴趣,因而在"潮美术"课堂中,必须紧紧围绕初中生的兴趣,初中生的兴趣点在哪里,哪里就会得到学生的关注和认可,"潮美术"课堂才能得以有效且成功地实施,学生们才能更加积极、热情地参与美术课堂和投入美术作业,情感得到了满足,心灵得到了释放,最终体验到了自我价值和愉悦。例如《潮流涂鸦》是一门徒手绘画的课程,教师在调查了解学生对涂鸦感兴趣后,需要搜集各种潮流的含有文化底蕴的涂鸦元素图片和范画给学生欣赏,指导结合美国的"嘻哈(HipHop)"文化涂写艺术,用装饰感较强的黑白效果或者色彩艳丽的颜色结合主题画面的英文字母,手绘创作潮流涂鸦。这些"潮美术"课程强烈满足了初中生的兴趣爱好,使学生乐于学习。

三、创意体验

"潮美术"课程传达的理念有:在潮流与含有文化底蕴的艺术创作中得到自我肯定和成就感,通过强烈的直观视觉感受建立学生多角度的观察能力和思维能力,让孩子在内容与形式"创意"的课程中学会与他人协作,享受合作带来的团队智慧,激发孩子探索的欲望和积极性。有鉴于此,"视觉性、实践性、人文性、愉悦性"是"潮美术"课程所要追求的重要特征,而"内容上的多元化与形式上的新颖创意性"也正是"潮美术"课程需要不断升华的。

创意无处不在，创作的灵感来源于生活中各个"美"的角落，比如，美好的事物、环境与建筑、具象与抽象作品、故事中的角色。在"潮美术"课堂中，教师通过对"美"的角落进行深度开发与挖掘，让学生与艺术进行对话，使其内心情感和"美"的角落达到共鸣同构，从"美"的角落里选取随手可用的创作素材，这样的综合艺术活动提高了初中生的审美情趣，为初中生用创意性的思维创作艺术作品打下坚实的基础。在初中生所能接触到的生活中和自然中有很多美的具象物体，如美丽的伞、美丽的灯罩、美丽的服饰、美丽的青花瓷片、美丽的剪纸艺术等，每个作品中都蕴涵着独特的艺术构成、纹样构成形式和审美思想的表达，它们以各种潮流与传统的形式感存在于生活中。教师引导学生以此为出发点，从生活中的具象物体出发，用画笔甚至有意识地加入一些综合艺术材料，如挂历纸、废弃报纸、绒线、碎布、泡沫、纽扣、塑料袋等，创作出独特、新颖的美术作品。如《寻找生活中的点》，这是一个取材于生活中综合材料的小组合作学习课程。通过诗句想象美的画面，让学生对"美"的画面中规则与不规则的"点"产生共鸣，一边思考"如何用独特的材料做一幅点的绘画"，一边从生活的角落里寻找随手可取的"点"的综合材料，从而引出纽扣、锁片等类似于"点"的综合材料；又如《美丽的灯罩》，这也是一个取材于生活中综合材料的小组合作学习课程。通过对美的灯罩艺术品和绘画作品进行欣赏，让学生与"美"的灯罩艺术品进行对话，产生共鸣，并从"美"的角落里寻找类似于灯罩外形和图案装饰的综合材料，如挂历纸、废弃报纸可用来制作灯罩外形，绒线、碎布、剪纸图案等可以用来装饰灯罩图案，有的同学甚至把贺卡和书签上挂着的流苏装饰到灯罩上。在这样的"潮美术"课堂中，学生们的创作灵感从生活与艺术的角落中得到充分的启发，这提升了学生对于美化与使用不同艺术作品的融会贯通能力。

"潮美术"课程的美术材料也是丰富多彩的，除了有常见的勾线笔、彩铅、油画棒、水彩水粉等上色工具以外，还有绒布、绒线、金箔纸、纽扣、亮片、羽毛，甚至树枝、废弃报纸等常见的生活用品或环保材料，这些都可以成为学生创作的材料。"潮美术"课程的内容设置不但着眼于绘画、工艺等艺术感觉，它更注重培养学生的思维能力与学科知识的整合。在兴趣和审美中，以单元化的主题形式贯穿各学科知识，包括自然、社会、文学等学科系统,如《寻找生活中的点》《美丽的朵帕》《美丽的服饰和书签》都是单元化研究型主题。这些课题结合了社会热点潮流、文学诗歌等,学生运用"先欣赏潮美术作品,再学习相关的技能技法,后通过创意的思维进行整合和内容上创作"的方法,学习"潮美术"课程的理念与技法,最终创作"潮美术"作品。这样学生才能够自由地创作,在创作中感受快乐,在快乐中体验成功,这也正是"潮美术"课程有别于其他美术课程的特色之一。

　　总而言之,"潮美术"课程是 21 世纪新型的教学主张,是孕育在传统文化和人文背景下的时髦潮流课程。它不是教授单纯的绘画技巧,也不是单纯的关注潮流文化与主题,它体现的是视觉性、实践性、人文性、愉悦性与创意性的结合,是内容上的多元化与形式上的新颖创意性的融会贯通,是培养学生审美能力、创新思维,探索美、发现美的综合能力。学生像在"做研究的科学家"一样,通过创新的材料、潮流的内容、含有文化底蕴的绘画创作元素,在专业教师的指导下,不断地思考,并从"潮美术"课程中获取知识与学习技能,获得较高的学习能力和创作能力,并且也会将这些能力应用于以后的学习、生活和工作中,从而受益匪浅,获益终身。这样的"潮美术"课程实现了美术知识技能与实践创意的整合、课程与文化的整合,通过师生与生生之间的交流,保持了教师与学生之间、课堂主体和课堂环境之间的生态学意义上的和谐平衡。

课程设计　潮美术

一、课程背景

　　在推进素质教育的过程中,越来越多的人认识到美术教育在提高学生素质方面所起到的重要作用。尤其是美育列入教育方针以后,美术教育受到了空前的重视,迎来了新的发展机遇,为国家培养具有民族精神、创新精神和审美能力的现代公民做出了贡献。《全日制义务教育美术课程标准（实验稿）》的制定，力求体现素质教育的要求，以学习活动方式划分美术学习领域，加强学习活动的综合性和探索性，注重美术课程与学生生活经验的紧密关联，使学生在积极的情感体验中提高想象力和创造力，提高审美意识和审美能力，增强对大自然和人类社会的热爱及责任感，提高创造美好生活的愿望与能力。

美术课具有很强的人文性、创意性、实践性，随着视觉文化时代的到来，电脑绘画与3D打印、涂鸦创意设计、插画创意设计和综合材料拼贴绘画创作悄然蔓延，部分同学对此尤其感兴趣。新课标也明确指出，现代社会需要充分发挥每个人的主体性、实践性和创造性。而当前美术教学存在着以下问题：

第一，缺少人文性和创意性的单元化教案设计，学生心有余而力不足。教师设计的单课时教案占绝大多数，单元化教案占少数且缺少人文性和创意性，由此导致短短40分钟的一堂美术课，让很多对美术感兴趣的学生无法充分完成一张既完整又有质量的作品。而课后面对主课的学习压力和大量的作业，没有时间继续完成作品或作业质量不高成为普遍现象。

第二，缺乏从生活中寻找素材的能力，学生思维过于局限。教师缺乏对学生的引导，只关注用传统的绘画工具在铅画纸上绘画，学生思维较局限，缺乏创意性，不知如何寻找素材。

第三，不太关注学生的兴趣爱好和潮流文化。教师的思维方式过于局限，多数根据教科书的内容按部就班地上课，课程设计和课程内容没有紧跟时代的发展导致无创意，学生兴趣点不高涨。

第四，单纯技法上的创新。如今，很多美术课都在谈创新，但这些创新都是技能、技法上的创新，却没有实实在在地从内容的选择上进行创新，没有紧跟时代的节奏进行元素上的翻新和创新。当今社会上的一些潮流元素、含有文化底蕴的元素只成为了学生泛泛欣赏和供娱乐消遣的东西，很少有相关学习的课程。

基于上述原因，"潮美术"课程的建设主张把"潮流、含有文化底蕴"的元素融入中学美术教学，运用"潮"美术课程设计的实施原则，让学生学习含有文化底蕴的美术元素和美术技能,在实践中激发创新,在审美中开拓新思维。这将会带给学生一种前所未有的发自内心的兴奋感、视觉的冲击力以及好奇心,这便是"潮美术"的核心理念。

二、课程目标

1. 激发灵感。灵感来源于生活与艺术,突出潮流性、人文性和创意性。
2. 追求创新。突出内容创新与形式创新相结合,在审美中开拓新思维。

三、课程内容

本课程适合六、七年级的学生。共八讲,具体内容如下:

第一讲:潮流卡通设计(6课时),具体内容包括:通过对卡通人物的故事情节进行创造性续编,学生对卡通人物设计有了更多动态的新想法。在游戏活动中,学生利用绘画材料和纽扣做成了手脚都会动的卡通人。有的学生甚至在此基础上,还用彩色硬卡纸做成了可翻动的潮流乐高小人,并对乐高小人进行角色设定。基于这个认识,尊重学生创意性的思维和自由表达的权力,积极地肯定并且将其创意完整地保留下来,这些创意汇成了宽松、自主、创新的基调。在这样的"潮"美术课堂氛围中,学生的思维更加活跃发散,热情更为高涨,潮流性、人文性和创意性在主题设计中不断涌现。

第二讲:传统与潮流服装系列书签设计(8课时),具体内容包括:选取服装这一题材,引导学生制作简单的服装书签,或依附于动物、人物外的复杂书签。如:穿披风的异国短毛猫,穿旗袍的时尚女子。学生通过各种渠道查找自己感兴趣的含有国内外潮流的服装图片,选择其中一个国家或者民族的服装,着重学习服装外形的设计和内部的纹样装饰,最后剪下外形,并添上流苏丝带等装饰,还可以塑封成书签。

第三讲:综合材料拼贴(8课时),具体内容包括:美丽的朵帕、美丽的灯罩、纽扣绘画等。这是一个取材于生活、运用综合材料的小组合作学习课程,通过诗句想象美的画面,让学生对"美"的画面中规则与不规则的"点"产生共鸣,一边让学生思考"如何用独特的材料做一幅'点'的绘画,一边从生活的角落里寻找随手可取的"点"的综合材料,从而引出纽扣、锁片等类似于"点"的综合材料。在这样的"潮美术"课堂中,学生们的创作灵感在生活与艺术的角落中得到充分的启发,潮流性的元素和创意性的表达在"潮美术"课程中得到充分的涌现。

第四讲:潮流涂鸦(4课时),具体内容包括:结合美国的"嘻哈(HipHop)"文化涂鸦艺术,用装饰感强的黑白效果和色彩艳丽的颜色结合主题画面的英文字母,手绘创作潮流涂鸦。有些学生会运用装饰纹样的构成方法来绘画当下流行的《冰雪奇缘》动漫人物艾莎公主。结合插画创意设计,通过欣赏书本装饰画的优秀作品,学习装饰纹样的构成方法和线描绘画的表达技巧,学生最终创作出"潮流、含有文化底蕴的"个性的"潮美术"作品,并附上作品的简介和创作心得。有些学生带来寒暑假旅游买来的民族文化和传统文化的装饰感较强的手袋和服饰配件。

第五讲:国画创作(4课时),具体内容包括:从中国山水画和工笔花鸟画的作品欣赏入手,使学生深入了解中国山水画和工笔花鸟画的艺术特色,提高学生对作品的鉴赏能力,同时培养学生对祖国传统文化的认识和兴趣,其中穿插了解并掌握基本的山水画的石、树和山,工笔花鸟画勾线的技法,掌握基本的中锋和侧锋的运笔姿势,从临摹到学习技法再到创作,进一步感悟中国山水画和工笔花鸟画的魅力所在。

第六讲:绘本创作(8课时),具体内容包括:每人在课前准备20张白纸和2张彩纸。第一步,创作故事。请同学用草稿纸创作一个故事,字数在200—300字,创作不出来的同学可以将自己读过的绘本进行续写,或者找一个曾阅读过的故事进行改编,比如安徒生童话。第二步,在文字上标注页码。故事创作完成后,为这些文字编上页码,即这些文字要写在多少页纸上,如果需要10页,那么这本绘本有10页正文,如果设计了无文字页,则要将这些无文字需要的纸张加入正文中。第三步,裁纸。同学领取纸张后,在十本不同尺寸的绘本中选择一本绘本,按照该绘本的尺寸裁剪A4白纸。对于绘画功底不太好的学生,建议制作小尺寸的绘本。第四步,装订绘本。纸张裁剪完毕后,用订书机简略装订,并编好页码(封面、封底除外)。如果是两个同学合作制作绘本,也可以不装订,便于后面分工合作。第五步,作画。从正文开始画,使用自己擅长的工具作画，简笔画、素描、水彩、蜡笔、水粉……第六步，填写文字。当所有的图画完全画好后，开始填写文字，注意，文字的书写要端正，位置摆放要与图画协调。第七步，完成封面、封底、扉页、版权页的设计和制作。第八步，装订。当所有图画文字都完成后，将绘本完全装订起来。装订时，除了用订书机订牢外，还可用胶带将书脊包起来，起到保护作用。

第七讲：空间建构(3课时)，通过寻找生活中的点线面，利用身边的废弃泡沫、树枝、牙签、棉线等材料创作属于自己的一幅点线面的空间建构作品。

第八讲：数字化陶艺设计(8课时)，具体内容涉及选取具有民族特色的有文化底蕴的"陶罐"作为设计主体，学生通过临摹原始陶罐的外形和原始纹样，对纹样进行去繁后，最终设计属于自己的陶罐，并尝试在电脑上绘画陶罐作品并 3D 打印。

四、课程实施

每周 1 课时，共安排 49 课时。本课程适用对象为热爱美术、对艺术充满激情和创意、对美术活动有兴趣的学生 40 人，每组 4 人，共 10 组。课程实施采取启发讲授、作品欣赏、资料收集、小组讨论等方式。

1. 启发讲授。"潮美术"是一种新型的教学主张，是孕育在传统文化和人文背景下的潮流性课程，它不是单纯地教授绘画技巧，也不是单纯地关注潮流文化与主题，它体现的是视觉性、实践性、人文性、愉悦性与创意性的结合，是内容上的多元化与形式上的创意性的融会贯通。它主张把"潮流、含有文化底蕴"的元素融入初中美术教学，运用"潮美术"课程设计的实施原则，让学生在审美中开拓新思维，在实践中爱上"潮美术"。

2. 作品欣赏。展示课前收集好的大师作品和优秀作品供学生欣赏：《穿着时尚与民族衣服的大白》《我们都爱卡通——乐高世界》《鹿》《美丽的灯罩》《我们的秘密花园——花卉包包》《冰雪奇缘艾莎公主》《潮流涂鸦》《我喜爱的旗袍》《青绿山水》《故事绘本》等。

3. 资料收集。在课前,安排好每一位小组成员负责收集哪个板块的资料,包括书籍、图片、实物的收集。

4. 小组讨论。每一个小组中的成员都要积极参与讨论,并且发表自己的观点。

五、课程评价

1. 对学生的评价分别从材料准备、课程参与、知识掌握、实践运用、作品展示五方面进行综合测评。考评分"平时考核"和"期末评定"两部分:平时考核内容为材料准备、课程参与、作业情况、个人创作;期末综合评定内容为构图形式、色彩运用、创新能力、专题创作等。

2. 考评按照自评、互评、指导教师评价相结合的原则进行,最后形成综合评定等级。其中,自评权重为20%,互评权重为30%,指导教师评价权重为50%。

3. 学生评价等级分为优、良、合格与待合格四级。80分及以上为优秀,70—79分为良好,60—69分为合格,60分以下为待合格。

(一) 过程性评价

每月,结合学生在"潮美术"课堂上的表现、课堂投入绘画的状态和课堂交流讨论展示情况,评选出"每周绘画小达人"、"每月绘画小达人"。

班 级	姓 名	每周绘画小达人	每月绘画小达人	其 他

(二) 等第性评价

分为平时考核中的材料准备、课程参与、作业情况、个人创作和期末评定中的构图形式、色彩运用、创新能力和专题创作两大板块。

评价指标		分值	评价		
			自评 （20%）	互评 （30%）	指导教师评价 （50%）
平时考核 40%	材料准备	10			
	课程参与	10			
	作业情况	10			
	个人创作	10			
期末评定 60%	构图形式	10			
	色彩运用	10			
	创新能力	20			
	专题创作	20			
综合评价					
评定等级					

(三) 评选性评价

期末，根据星级数量，评选出个人创作板块的"创作小达人"；创新能力板块的"创新小达人"，并向学生颁发奖状。

（撰稿者：吴　辰）

第二章

课程即生活经验

　　课程即事件、即生活、即经验。曾经发生或正在发生的任何事件,教师都可以采纳为课程。当我们把一切预先所定的暂时搁起,重新做一番筹备,当我们关注新发生的事情接近预先的目标,活跃的课程就有可能要进入我们的视野,钻进我们的实践。对生活的发现,对生活的感受,是源于课程发生之前的积累,虽然我们对生活的发现和感受是在无意识状态下形成的,但这是"前课程"的基因。虽然孩子们还缺乏观察生活的习惯,缺乏对生活探究的意识,但这是课程之所以必要的原因。把生活融入课程,让课程服务生活,最后提升生活品质,是课程即生活经验的魅力和归旨。

加减美术：点燃创意的魔法棒

课程主张　激活学生的创造力

"加减美术"是指在美术教学中，充分发挥学生的想象力和创造力，运用加法和减法的创作方法，让学生在作品创作中进行添加和删减，以达到自己所要表达的画面。"加减美术"着重培养学生的想象力和创新思维，让学生充分表达自己的情感，彰显自己的个性。将自己的思想与作品完美结合。"加减美术"旨在追寻学生能力和个性的培养，关注学生的学习方法和思维品质，使学生真正步入艺术的殿堂，为将来走向社会打下坚实的基础。

一、运用"加减美术"在"观察"中培养创新思维

观察是发现问题的前提，思维是观察的综合概括与升华，观察是思维的触角，是产生视觉形象的途径。人类认识世界获得信息靠得最多的是眼睛。而进行绘画创作也离不开观察比较。观察要纵观全局，认真仔细，要提高其准确性与精确度，把握事物的本质。我们要学会概括删减的方法，从整体出发，从特征着手，才能把事物的本质把握在心中；然后在创作的过程中我们可以再用添加和想象的方法去呈现对事物的理解与想法。

在教学过程中，要教育学生善于观察比较，使学生懂得从比较中打开思路，不谋求唯一正确的答案，知道"逼迫"自己通过不同的思路达到要寻找的目标。从比较中发现新问题、新情况，发现老问题的不同解决办法，发现已知情况的新变化，使自己的创造欲在执着的追求中受到激发，从而培养出创造性打开自己思路的习惯。在《藏书票》教学中，为了使学生进一步掌握藏书票的特点和技巧，我拿出同样的图案、同样材料及同样技法刻制的两幅作品，让学生观察两幅作品的不同点，通过在一幅作品上添加姓名（票主）及 EX—LIBRIS 文字（拉丁文），引导学生再次观察作品的不同，从而让学生懂得藏书票与普通绘画的不同，以此来加深学生对藏书票的认识。

二、运用"加减美术"在"完形"中强化创新意识

美术以形象表现为最基本特征，美术中的创造与创新都是以形象的改变整合为载体。完形的意识是创造思维的基础，是培养学生创新思维的切入点。所谓的完形意识就是把简单的材料和形象假想成神奇的事物的心理意识。心理学理论所描绘的完形意识，即对某种生活状况或某一通过观察、感知后，自发形成的一种完整形象的视觉思维概念。这种极普遍的现象，是儿童具有创造天赋的表现，也是美国儿童教育学家吉诺特所描述的完形心理学理论依据。

每个学生都有潜在的天赋和能力，关键是如何去激发这股内在的能力，在美术教学中，我始终认为学生是极具创造力的个体。所以，在每张作业中都渗透着让学生添加和删减的思想，让学生观察、思考、想象、设计、创造不同的新形象。如在教学《仿生设计》中，我让学生根据生活中的七星瓢虫展开联想设计，充分发挥学生的想象力，鼓励学生标新立异，随意创新。如七星瓢虫有什么特征，你可以根据其主要特征，删减次要的地方进行设计，也可以在原有的基础上进行想象，添加设计成其他的物品。在思考过程中，紧紧围绕加减的方法，实现自我，刺激创造性，由此来激发完形的意识，从而使学生对七星瓢虫的形象进行最大化的创新整合。又如在教学《纸陶艺》中，我想方设法地诱导学生们完形联想，从造型，从色彩，从材质，从肌理等各个方面去想象。如有的同学拿气球进行翻模，翻下的模可以做什么呢？我引导学生由外形想到和它相似物体的形状，促进学生联想能力和创新能力逐步提高。学生根据联想将翻模的气球制作

成西瓜形状的储物盒,有的在上面添加一些部件做成了金猪,有的做成了花瓶等,使单一的形态结构在添加删减与想象中又有了新的生命力。

  课堂上我非常注重完形的意识培养,注重通过完形重组事物造型。课余我也鼓励学生要从生活中去发现美、创造美,与生活实际相结合,从而养成一个主动的、持久的、个性化的创新思维习惯,能够自觉运用不断丰富的生活经验提高自己的创新实践能力。

三、运用"加减美术"在"求异"中学会变化思维

  要想创新,最重要的一点就是要学会与别人的思维不同,用别人忽略的思维方式来思考问题。美术是一门创造思维的学科,学生一旦主动,必定会爆发出无限的创造力,因而在美术教学中,要提高学生的创造力,就必须启迪学生的求异思维。求异思维就是充分发挥人的想象力,突破原来知识圈束缚的一种思维方法,主要是指想象、推测的过程。在人们进行创造性活动的过程中,"心理定式"常常会成为难以突破的"桎梏",成为先入为主的成见。

  在美术作业中,如果让学生创作一幅动物的作品,学生总喜欢画如史努比、凯蒂猫、流氓兔等一些动物的形象,脑海里想不出其他的事物,似乎已形成一定的思维定式。这种思维定式有两种效应:一方面,学生依靠这种思维定式,快捷方便,在制作上比较简单;另一方面,这种思维必定束缚创造力的发挥。要让学生制作的作品达到标新立异,达到创新,首先要学会逆向思维。创造是由不合逻辑开始的,从不合常理的意料之外达到人们能接受的"合乎情理之中"。因此,一幅创造性作品首先要超越逻辑的羁绊,才能在创造中获得更多的可能性,由此会产生许多奇思妙想。

  运用"加减美术"的方法,即使是常见的史努比、凯蒂猫、流氓兔等一些动物,我们只要在原有物体上进行思考,添加和想象,删去不必要的特征,留取想表达的部分,那也会与众不同,最关键的是通过对作品的处理方式养成一种良好的创新思维,才能真正做到个性的展示与体现。在教学中我引导学生克服思维定式,大胆创新,敢于标新

立异。如《驴赛跑》的作者就在平时观看赛马的启迪下,以逆向思维,移花接木把马换成驴赛跑的形象,集趣味性和思想性为一体;《猫和鱼》把现实生活中生活在水里的鱼画成在空中飞的鱼,进一步体现了睡猫的梦想主题。总而言之,力图使学生摆脱自然界的规则和成习,换一种角度去思考,必然会产生新的内容和思想。因此,在教学过程中要达到创新,就要引导学生多方位、多角度、多层次地运用想象力来改变视点,改变形象,改变外部和内部特征,并经过添加、删减提炼而产生新的视觉形象。这是一种调动、诱发创造心理的艺术刺激手法,也是教学过程中一种求异思维的诱导。所以教师需帮助学生加强自我克服能力,有意识形成一种反定式心理,以消除定式的影响,促进求异思维能力的发展。

加减美术的教学主张,突破了整齐划一的标准,让学生运用添加和删减的创作方法,学会观察、完形以及求异来提高自己对创新的理解。著名的未来学家奈斯比特指出:"处于伟大的知识经济时代,我们最需要的是创造力和创新精神。"美术课程是被公认为对学生创新意识培养最具成效的课程之一。因此,选择有效的方法培养学生的创造力才是目前美术教育的根本。"加减美术"的教学主张便是提升学生的创新意识与实践能力。

课程设计　废报纸陶艺

一、课程背景

近年来,在中小学的艺术教育中,陶瓷艺术以其深厚的文化底蕴成为素质教育的有效载体和重要手段之一。教育部在新的中小学课程标准中已将陶艺教育正式列入教育内容。许多学校将陶艺课程列为学校的校本课程。让传统陶艺走进课堂,通过创新教学方法和教学手段,让学生在创新的快乐中得到熏陶和提高。众所周知陶艺有育人的价值,但并非所有的学校都在进行陶艺教学,毕竟,要建立陶艺校本特色,投入的资金也不是小数目。我们学校是科技特色学校,已有的特色已不可能再去建立陶艺特色学校,作为陶瓷学院陶艺专业毕业的我,总对陶艺有一种割不断的情愫,在教学之余,针对自己目前的教学状况,我在不断思考如何把我的专业与教学相结合。

废报纸是大家常见的材料,是生活中废弃的物品,废报纸也可以和陶泥一样,在制作的过程中可揉,可捏,可卷,可搓,通过这些基本技能来塑造作品形态。同时废报纸材料易得,而且比陶泥便宜,学生在课堂上容易驾驭,制作方便。学生可以在校制作,也可以在家完成。用废报纸替代陶泥,由陶艺引入,了解陶艺的特点与制作方法,走进陶艺世界,亲手创作废报纸陶艺作品,感受其意蕴之美。在教学过程中,废报纸可以直接塑形,不需火的考验,在教学方法上还可糅合各种技法和配料,塑造新形。

学生进入初中阶段由于兴趣的多元化,对一直以来的单纯画画兴趣并不是很大,同时学生对利用各种材料来制作美术作品的认识还不够,对材料的巧妙运用,制作方法的体验等缺少必要的实践能力。用废旧报纸开展工艺制作,引导学生自己动脑、动手把废报纸进行再创造,制作成新的艺术品,它既可以满足学生动手制作的欲望,让学生通过自己的双手将自己的想法变成具体的成果,体验其中的乐趣和意蕴;又可以将"两纲教育"潜移默化地贯彻在其中。利用废报纸来替代陶泥,对学生进行陶艺文化的熏陶,让学生感知陶瓷的艺术美和实用价值,尽管非常稚嫩,但在稚嫩中也可以让学生对民族文化有更为生动、直观的了解。另外,在废旧报纸制作中体现出了美术学科独特的育人价值。

二、课程目标

1. 通过废报纸陶艺制作,了解有关陶艺的知识,掌握废报纸陶艺的制作方法。

2. 懂得如何利用废旧报纸制作作品,感悟废报纸陶艺带来的乐趣,提高动手能力。

3. 收集身边的废旧物,把无生命的材料变为有生命的艺术创作,激发环保意识。

三、课程内容

本科目适用于初中阶段的学生学习,学生进入初中阶段由于兴趣的多元化,对一直以来的单纯画画兴趣并不是很大,用废旧报纸开展工艺制作,引导学生自己动脑、动手把废报纸进行再创造,制作成新的艺术品。让学生在"体验"的过程中发现获取知识的方法,体验陶艺文化,感悟民族文化的精神。同时也能满足动手制作的欲望。

《废报纸陶艺》教学时间共安排一个学期。从基本的技法体验开始,以学生常见到的实物为题材,在实践中体验立体造型的快乐。《废报纸陶艺》不是单纯模仿传统陶艺的技巧,而是从陶艺创作中寻找灵感,借鉴其方法进行创作,使他们理解和体验民族文化的审美情趣。在广泛的文化情境中认识美术,拓宽艺术视野,加深艺术理解,提高动手能力和创新能力。

本课程一共十六课时。第一课时为探索废报纸的特点,了解废旧报纸的用途,欣赏陶艺作品,比较废旧报纸与陶艺作品材料的特点;通过废旧报纸制作作品的欣赏比较,感悟废旧报纸的制作方式,引导学生对废报纸再创造产生兴趣;感悟陶文化,体验其美感,激发利用废旧报纸创作的热情,提高环保意识。第二至五课时为了解废报纸陶艺造型的方法,探索废旧报纸的基本造型方法,学习揉、裹、拧、搓、卷、编等技巧。在实践操作中体验废旧报纸的基本造型方法,感受废旧报纸的材质特点,探索工艺造型的方法。第六课时为揉裹技巧——葫芦的制作。第七课时为盘筑技巧——碗的制作。第八、九课时为技法的综合——茶壶的制作。第十、十一课时为翻模法——空心器皿的制作。第十二课时为塑模成型——郁金香的制作。第十三至十六课时为陶艺装饰法——彩绘、拼贴、喷漆。

四、课程实施

学校定于每周活动课时间开展初中部拓展课,以班级为主,开展教学活动。教师按活动方案和科目设计进行有序教学,学校在教学、经费方面进行支持,保证课程顺利地开展。教学主要采取体验式教学,让学生在动手操作中初步掌握废报纸陶艺的基本知识与基本技法。

1. 注重示范教学。利用废旧报纸开展工艺制作,把废旧报纸作为创作的材料。对学生来讲,它本身比较抽象,再加上没有任何教材,学生对老师的讲述感到比较枯燥,难以理解。学生的造型、认知的能力是有限的,他们需要有具体的物象或是操作方法为自己自主、探究、发展和创造铺设台阶。"示范"在教学过程中是非常重要的,它需要教师亲自示范,尤其是技法教学,必须借助示范以其直观、鲜明的色、形手段,使教学情境变得生动、形象、具体,不但看得见,而且能使学生入情入境感同身受。这样,就从不同方面充分调动了学生的感官活动,使学生一目了然,从而对制作步骤、绘制过程有一个具体形象的认识,以便对知识有更深的理解;使他们对教学内容增加了兴趣,思维变得更敏捷,更活跃,变被动学为主动学。因此,在教学中,怎样让学生跟着你的话转,跟着你手转,让学生为你叹服?作为美术教师需要时不时地向学生露两手,它不仅能提高你的教学质量,而且还能收到事半功倍的作用。

2. 注重循序渐进的教与学。根据学生对美术知识的了解和掌握能力,以及学生对单纯绘画兴趣不大的特点,选择以提高学生的动手制作能力为出发点,先激发他们制作的兴趣,从制作中体验立体造型的乐趣。在内容上,选择学生比较容易操作,效果明显的主题,由浅入深、由易到难、由简到繁。在造型方法上,先让学生体验基本造型方法,如揉、裹、拧、卷、搓等,然后运用基本造型进行实物技巧的创作,由单一的球体到动物、植物、花卉等具象物体的塑造。层层推进,及时调整教学思路,不断反思改进教学,使学生一直保持着良好的学习状态,使学生在点滴积累、逐步提高、由量变到质变的认识过程中得到不断发展。

3. 注重学生联想思维的培养。想方设法地诱导学生们联想,从造型,从色彩,从材质,从肌理等各个方面去联想。如拿气球进行翻模,翻下的模可以做什么呢,引导学生由外形想到和它相似物体的形状,促进学生联想能力和创新能力的逐步提高。通过联想,最大限度地挖掘学生的潜能,激活学生的脑细胞,开启学生的心智。

4. 注重环保意识的渗透。让学生收集可利用的废旧材料,引导他们去发现并利用其造型、肌理、色彩的美感因素进行创造,使它们变废为宝、变废为美,使这些废弃材料重放光彩。在制作中时常提醒学生,不要将废报纸制作剩下的边角料,以及双面胶的外膜扔到垃圾桶里,把它们重新裹在一起可以塑造新的形象。在装饰的过程中,我也提倡学生尽量寻找废弃材料进行美化装饰、节约资源。只有坚持点滴的渗透,才能逐渐养成环保的意识。

五、课程评价

为了有效地开展拓展型课程,在实施的过程中通过对学生自我评价、互评、教师的评价来了解学生所掌握技术的情况以及积极参与的热情等。

1. 自评、互评、教师评相结合,以学生自我评价为主

要求在重视教师与他人对学生学习状况进行评价的同时,更应重视学生的自我评价。

2. 过程评价与结果评价相结合,以过程评价为主

通过学生在美术学习过程中的表现对其在美术学习能力、学习态度、情感和价值观等方面予以评价,突出评价的整体性和综合性。

内　容	《利用废旧报纸开展工艺制作》学生学习过程自我评价表		
	准备工作(3分)	上课情况(3分)	作业情况(4分)
上课内容			
个人制作小结			
学生评价			

(撰稿者:谭玲令)

生活数学：智慧王国的护照

课程主张　无处不在的数学

"生活数学"主张数学与现实生活的联系，从学生熟悉的生活情景和感兴趣的事物出发，为他们提供观察和操作的机会，使学生有更多的机会从周围熟悉的事物中学习数学和理解数学，体会到数学就在身边，感受到数学的趣味，做到学以致用，进一步体会数学的作用和价值，感受数学的魅力。

一、数学来源于生活

素质教育、终身学习是数学教育中的自觉实践。受应试教育的影响，中学生往往缺乏数学应用的能力和习惯，似乎研读数学教材仅仅是为应付考试，自己只要听懂教师讲的内容就足够了。数学课本通常仅当习题集用，生活中是从来就不用的，即使老师布置了去生活中寻找数学的作业，也是稍微提及，没有真正去体验生活中的数学，不知道生活中蕴藏着数学，更不知道把生活的有些问题转化成数学问题，从中得出自己独到的体会及创新见解。因此，在这种背景下开展源于生活的数学实验研究，大力提倡开展形式多样的数学应用，提高学生数学应用能力，这不仅是针对传统数学课堂教学中存在的若干问题提出的有效对策，更是数学文化传承、创新的根本需要。

数学知识来源于生活，应用于生活。教师在数学教学中应积极地创造条件，使数学知识与学生的生活实际密切联系起来,使生活问题数学化、数学问题生活化,鼓励学生善于发现生活中的数学问题,并学会运用所学的数学知识解决实际问题,在实际生活中尝到学习数学的乐趣。

我们认识到,数学教学要以生活体验为原型,以自主探究为动力,把数学课堂教学构建成师生之间、生生之间交往互动和共同发展的平台。因此,在教学中,我们要从现实生活入手,让学生通过参与身边的数学活动,激发他们内在的情感体验,缩短学生与学习内容之间的距离,让学生主动参与新知探究,营造和谐、愉快的学习氛围。

生活离不开数学,数学离不开生活。数学知识源于生活而最终服务于生活,教学中应努力构建"数学课堂要走进生活——在生活课堂中学数学——带数学知识走进生活中"的数学教学模式,让学生感悟"生活数学"的巨大魅力,以唤起学生亲近数学的热情,同时提高学生的数学意识和实践能力,开发学生的潜能,培养学生自主学习数学的能力。

二、指导学生体悟生活中数学的方法

学习数学知识应从学生已有的生活经验出发,让学生亲自经历将实际问题抽象成数学模型并进行解释与运用的过程。在数学教学活动中,教师应激发学生的学习积极性,向学生提供充分经历数学活动的机会,帮助他们在自主探索和合作交流的过程中真正理解和掌握基本的数学知识与技能、数学思想和方法,获得广泛的数学活动经验。在教学中指导学生观察生活中的数学,既是积累数学知识的有效方法,又是培养学生数学学习兴趣的最佳途径。感悟是一种心理现象,也是一种心理过程,先有所感,方有所悟。感悟主要借助感知,感知的形成又要依赖于学生的亲身体验,依靠平时积累。学生有了一定的感性经验,就可以通过自己的感受、体会、揣摩而有所感悟。

利用数学与生活的联系来创设应用型问题情境,从实际生活引入新知识,有助于学生体会数学知识的应用价值,为学生从数学的角度去分析问题、解决问题提供示范。

教师可引导学生用自己的眼光观察生活中的方方面面,发现存在于生活中的数学。例如,金融问题:储蓄的学问、怎样存钱本息多、买保险和存款哪一个更合算、定期存款与国债的比较。消费购物:打折问题、打折与返券促销方式的比较。电信网络:全球通与神州行哪个合算、上网包月卡与储值卡的比较。交通:出租车计价问题、怎样出行省时省钱。

【案例1】 在教学八年级第二学期《一次函数的应用》时,以学生熟悉的2006年7月12日,刘翔以12秒88的成绩获得瑞士洛桑田径超级大奖赛金牌,并打破沉睡13年之久、由英国名将科林·杰克逊创造的12秒91的世界纪录,这是中国人的骄傲为例。假设刘翔在110米跨栏比赛中速度是匀速的,那么枪响后,刘翔离终点的距离y米与他所跑的时间x秒之间的函数关系式是什么?引入课题,引导学生把生活实际问题转化成一次函数的数学模型问题。进而再给出下列问题:

某市为鼓励居民节约用水和加强对节水的管理,制定了以下每月每户用水的收费标准:① 若用水量不超过8立方米,每立方米收费0.8元,并加收每立方米0.2元的污水处理费;② 用水量超过8立方米时,在①的基础上,超过8立方米的部分,按每立方米收费1.6元,并加收每立方米0.4元的污水处理费。

(1) 设某户一个月的用水量为x立方米,应交水费为y元,试分别对①、②两种情况,写出y关于x的函数解析式,并指出函数的定义域。

(2) 若某用户某月所交水费为26元,则该居民用户该月的用水量是多少吨?

教师能够引用这些例子,使学生体会到这些问题只有用数学知识才能解决,说明数学应用之广泛,感受到我们周围无处不在的数学,才能激发学生学习数学的热情。要使学生真正明确数学知识的广泛应用性,不能光靠教师说,要利用各种方式使学生获得经验。

三、在生活中学数学

在新课程理念下,教师不再是教科书知识的解释者和忠实的执行者,而是课程资源的开发者。在教学中,教师一方面要理解教科书的编写意图、渗透数学思想方法和理念,有效地运用好教科书已有的资源进行教学。另一方面,还要联系学生的生活实际和课程标准,对教学内容进行整合、重组、补充、加工,创造性地利用教材,充分运用学生身边的资源进行教学。从而把数学引向生活,使教学内容更加具有生活气息,更加生动活泼,更加具有现实意义,使数学学习基于学生生活经验和已有的数学基础,从而带来对数学学习的更大热情。

【案例2】

在讲授"有理数的加法"时,在教学中,我选用在小组比赛中中国女子足球队与加纳队、澳大利亚队、俄罗斯队,在半决赛中德国队与美国队,在决赛中德国队与瑞典队、加拿大队与澳大利亚队共六场比赛的场景,先播放一段精彩的实况录像,然后让学生根据这六场比赛(分上半场、下半场)的净得分情况,归纳总结"有理数加法法则",激起了学生极大的兴趣,使学生在轻松愉悦的探讨中掌握了"有理数加法法则"。

数学的最大特点是具有广泛的应用性。数学源于生活,又广泛应用于生活,在实际生活中运用所学数学知识处理实际问题是学生的数学素养之一。培养学生拥有一双善于发现的眼睛,运用所学数学知识通过思路清晰的计算,说明哪个促销手段更好,用自己的亲身经历论述了"生活中处处有数学"以及数学的重要性。

【案例3】

有几个体育用品店,店里的篮球都在搞促销,甲、乙、丙三个店里的篮球标价都是25元/个,但优惠方式不同。甲店:买10个篮球赠送2个,不足10个不赠送。乙店:每个篮球优惠5元。丙店:购买满100元,返还现金20元。假如让你帮学校买50个篮球,为节省费用,你会到哪个商店买呢?有的学生会说:"肯定是甲店了,它那里买10送2呢,最划算。"也有的学生会说:"应该是丙店,满100元还返还20元钱呢。"这时可以用学过的数学知识算一算。甲店:买10个送2个,买50个就要送10个,多了,所以要先买40个,是1 000元;40个送了8个,还差2个,再买2个,是50元;一共花费1 050元。乙店:一个优惠5元,也就是说每个20元,所用的钱数是50个20元,也就是1 000元。丙店:满100元返还现金20元,买50个需要1 250元,1 250元里面有12个100元,也就是返还12个20元,是240元,1 250元去掉返还的240元,实际上只花费了1 010元。1 000元<1 010元<1 050元,也就是说,乙店的价格最便宜。商家为了赚钱,总是会想出一些很诱人的折价方案,其实也不是每个方案都是一样的。要想拣个便宜货,必须要学好数学,货比三家,才能在生活上应用自如。

生活数学就是让学生善于发现生活中的数学,你会发现生活中处处有数学,从而激发孩子学习数学的兴趣。生活中处处有数学,数学蕴藏在生活中的每个角落。如何给学生一双"慧眼"去观察、读懂日常生活中的数学,这就需要有计划地培养学生寻找数学的习惯。教师不仅要提供现实生活中的数学材料,建设接近学生生活实际的情境,还要培养学生从生活中收集数学信息,整理数学知识的能力,让学生主动地将现实生活的大背景与数学知识密切联系起来。使学生在生活中发现数学,在生活中学习数学,在生活中应用数学。例如,在教学"统计"后,可选择具有丰富生活背景的案例,也可组织学生通过看电视、报纸、上网或到市场、机关、学校等进行搜集、调查,了解我国政治、经济、教育等方面发展的信息情况,并整理、运用这些信息资源。这样,学生通过经历典型案例的处理过程,培养对数据的直观感觉,认识统计方法的特点,体会统计思想和方法应用的广泛性,使他们亲近数学,真正让数学走近学生,让数学走入生活。像这样,学生从已有生活经验入手探究出方法,让学生在生活历程中感悟数学,这不仅培养了学生从数学的角度观察生活的意识,而且还提高了学生以生活经验理解数学的能力。让学生从生活中学数学,感受生活中处处有数学,学习数学如身临其境,这样就会产生亲切感,有利于形成似曾相识的接纳心理。

四、让数学走进生活

荷兰数学教育家弗赖登塔尔认为:"数学来源于现实,存在于现实,并且应用于现实,数学过程应该是帮助学生把现实问题转化为数学问题的过程。"因此,在教学过程中,教师应该充分利用学生的认知规律、已有的生活经验和数学的实际,转化"以教材为本"的旧观念灵活处理教材,根据实际需要对原材料进行优化。

【案例 4】

在讲授"一元一次不等式和一元一次不等式组"时,结合现在"黄金周"旅游人数比较多的现象,我设计了这样一个例题:今年十一,父母打算带你和几个亲戚家的孩子一起去某地旅游,在咨询价格时,甲旅行社说:"如果你们买一张全票,其余人可享受半价优惠。"乙旅行社说:"你们可以购买团体票,按原价的2/3。"而两家旅行社一张全票的价格均为120元。你能用小孩的人数来表示两家旅行社的价格吗?你能算出选择哪家旅行社合算吗?

【案例 5】

某水果批发商场经销一种高档水果,如果每千克盈利10元,每天可售出500千克。经市场调查发现,在进货价不变的情况下,若每千克涨价1元,日销售量将减少20千克。(1)现该商场要保证每天盈利6 000元,同时又要顾客得到实惠,那么每千克应涨价多少元?(2)若该商场单纯从经济角度看,每千克这种水果涨价多少元,能使商场获利最多:某商店将进价为100元的某商品按120元的价格出售,可卖出300个;若商店在120元的基础上每涨价1元,就要少卖10个,而每降价1元,就可多卖30个。

(1) 求所获利润 y(元)与售价 x(元)之间的函数关系式。

(2) 为获利最大,商店应将价格定为多少元?

(3) 为了让利顾客,在利润相同的情况下,请为商店选择正确的出售方式,并求出此时的售价。

这是典型的实际应用问题,教学中紧紧围绕所学数学知识,努力为学生创设一个贴近学生生活实际的情境,将学生带回熟悉的生活场景中,无形中诱发了学生主动参与探究的心理意向。根据有关的数学问题,选择学生身边的、感兴趣的事物,以激发学生学习的兴趣与动机,使学生感受数学与日常生活的密切联系。让学生体会数学源于生活,应用于生活,品尝到用所学知识解释生活现象以及解决实际问题的乐趣,真正体会到数学的内在价值,将学生从接受者提高到实践者、探索者和策划者的地位,引导学生学以致用,使学生真正体会到学好数学的重要意义。教师引导学生把所学的知识运用到生活中不仅是学生学习数学的最终目标,也是"人人学有价值的数学"的生动体现。教学中,教师应再现生活情景,随时引导学生把所学的数学知识运用到生活中去,让所学知识回归生活空间,在生活空间中实践,解决身边的数学问题,了解数学在现实生活的作用,体会学习数学的重要性,从而激发学生学习数学的兴趣,并有效培养学生初步的实践能力。

生活是教育的出发点和最终归宿。教育必须首先植根于生活的土壤,才不至于成为"无本之木、无源之水"。罗杰斯认为:"越是儿童不熟悉、不需要的内容,儿童学习的依赖性、被动性就越大。"反之,当学习内容与学生熟悉的生活背景越贴近,学生自觉接纳知识的程度就越高。可见,当今数学教学正向生活化、活动化、问题化方向发展。总之,数学知识来源于生活,应用于生活。教师在数学教学中应积极地创造条件,使数学知识与学生的生活实际密切联系起来,使生活问题数学化、数学教学生活化,鼓励学生善于发现生活中的数学问题,并学会运用所学的数学知识解决实际问题,在实际生活中尝试到学习数学的乐趣。只有这样,才能使我们的课堂再现生机与活力,充满个性与灵气;才能使数学教学更加丰富多彩。通过数学教学生活化的实践,我们认识到,教育的真正目的不仅仅是为了使学生加深对知识的理解,而是能将所学的知识运用于生活,尤其是创造性地运用,这才是我们追求的目标。

课程设计　生活与数学

一、课程背景

随着新课程改革的逐步实施,我们认识到,数学教学要以生活体验为原型,以自主探究为动力,把数学课堂教学构建成师生之间、生生之间交往互动和共同发展的平台。因此,在教学中,我们要从现实生活入手,让学生通过参与身边的数学活动,激发他们内在的情感体验,缩短学生与学习内容之间的距离,让学生主动参与新知探究,营造和谐、愉快的学习氛围。

生活离不开数学,数学离不开生活,数学知识源于生活而最终服务于生活。教学中应努力构建"数学课堂要走进生活——在生活课堂中学数学——带数学知识走进生活中"的数学教学模式,让学生感悟"生活——数学"的巨大魅力,以唤起学生亲近数学的热情,同时提高学生的数学意识和实践能力,开发学生的潜能,培养学生自主学习数学的素养。数学素养是指学生在学习过程中形成的学习方向性、求实性与严密性的统一体。它包括学习目的、学习态度、学习方法以及逻辑的、直觉的、联系的、发展的思维方法。数学的思维能力是发展智力,全面培养数学能力的主要途径。因此,运用逻辑推理的方法培养并发展学生良好的数学思维品质,就成为中学数学教学的一项重要任务和课堂教学的重要目的。

数学是一种应用非常广泛的学科。伟大的数学家华罗庚曾经说过:"宇宙之大、粒子之微、火箭之速、化工之巧、地球之变、生活之迷、日月之繁,无处不用数学。"新课程标准十分强调数学与现实生活的联系,要求数学教学必须从学生熟悉的生活情景和感兴趣的事物出发,为他们提供观察和操作的机会,使学生有更多的机会从周围熟悉的事物中学习数学和理解数学,体会到数学就在身边,感受到数学的趣味,做到学以致用,进一步体会数学的作用和价值,感受到数学的魅力。受应试教育的影响,中学生往往缺乏数学应用的能力和习惯,似乎研读数学教材仅仅是为应付考试,自己只要听懂教师讲的内容就足够了,数学课本通常仅当习题集用。即使老师布置了去生活中找数学的作业,也是稍微提及,浮光掠影、草草而过,没有真正去体验生活中的数学,不知道生活中蕴藏着数学,更不知道把生活中的有些问题转化成数学问题,从中得出自己的独到体会及创新见解。因此,在这种背景下开展源于生活的数学实验研究,大力提倡开展形式多样的数学应用,提高学生数学应用能力,这不仅是针对传统数学课堂教学中存在的若干问题提出的有效对策,也是数学文化传承和创新的根本需求,更是素质教育、终身学习等思想在数学教育中的自觉实践。

二、课程目标

1. 从已有的生活经验出发,经历将实际问题抽象成数学模型并进行解释与运用的过程。

2. 充分经历数学活动,在自主探索与合作交流的过程中理解数学思想和方法。

三、课程内容

本课程包含七讲的内容。第一讲:自我介绍,相互介绍(1课时)。第二讲:解决生活中的数学问题(2课时),其中第1课时安排学生列举生活中遇到的数学问题,第2课时完成教师提供的适合学生解决的一些生活实例问题,让学生初步感知生活中处处有数学。第三讲:六年级学生遇到的生活实际问题(3课时),其中第1课时:六年级适用例题及应用题解答讨论(1);第2课时:六年级适用例题及应用题解答讨论(2);第3课时:六年级适用例题及应用题解答讨论(3)。第四讲:七年级学生遇到的生活实际问题(4课时),其中第1课时:七年级适用例题及应用题解答讨论(行程问题);第2课时:七年级适用例题及应用题解答讨论(工程问题);第3课时:七年级适用例题及应用题解答讨论(增长率问题);第4课时:七年级适用例题及应用题解答讨论(银行利息、存款问题)。第五讲:八年级学生遇到的生活实际问题(4课时),其中第1课时为运用一次函数模型解决生活中的问题;第2课时为运用二元一次方程组模型解决生活中的问题;第3课时为运用分式方程模型解决生活中的问题;第4课时为运用无理方程模型解决生活中的问题。第六讲:生活小能手(2课时),其中第1课时为学生根据生活实际编写符合题意的数学问题并给出解决办法;第2课时为根据所学知识和本领解决老师提出的问题。第七讲评出解决问题小达人(1课时)。

四、课程实施

每周1课时,共计17课时。采用自编教材,使用多媒体课件,音像资料等。采用启发讲授,资料收集,圆桌讨论等方式。

1. 启发讲授。课程是以学生发现身边的数学问题,激发学生主动提出数学问题,用自己所学的数学知识解决生活实际问题为出发点的。在每次上课之前,需要根据教学内容指导学生寻找身边相应的数学问题,然后在课堂上师生共同解决,以此提高学生的学习兴趣。比如商场打折问题,银行利息问题,学生可以自己亲自去收集这方面的问题。

2. 资料收集。学生课前准备收集生活实例,教师和学生对六、七、八年级书本中的数学实例进行归纳整理。

3. 圆桌讨论。学生课前准备收集生活实例,课上学生以小组为单位,讨论解决问题的方案。促进学生从不知到知,从学会到会学的转化。

五、课程评价

本课程主要采用每周、每月的基本常规形式的评选活动为主的过程性评价,以学期末检测、专项考核为主的结果性评价以及以综合展示和资料整理归类为主的综合性评价。通过这个循序渐进的评价过程,我们可以了解学生的心理、情感、道德的问题,及时提供帮助。同时,在评价过程中,必须重视和尊重学生的观点,要尽可能地从正面去鼓励,给予学生肯定和赞赏。具体的评价方法如下:

(一)过程性评价

每月,结合学生在课堂上的出勤情况、课堂表现、作业完成情况,评选出"每周数学小达人"、"每月数学小达人"。

班级	姓名	出勤情况	提问检测	作业情况

(二)等第性评价

对学生的评价分别从"课前准备、参与态度、知识技能掌握、阶段成果展示"四方面进行综合测评。考评分"平时考核"和"期末综合评定"两步:平时考核内容为出勤情况、提问检测、作业情况、个体创作;学生评价等级分为优、良、合格与不合格四级。80分及以上为优秀,70—79分为良好,60—69分为合格,60分以下为不合格。

板块	班级	姓名	等级
课前准备			
参与态度			
知识技能掌握			

续 表

板 块	班 级	姓 名	等 级
阶段成果展示			
总评(优、良、合格、不合格)			

(三) 评选性评价

考评按照自评、互评、指导教师评价相结合的原则进行,最后形成综合评定等级。其中,自评权重为20%,互评权重为30%,指导教师评价权重为50%。学生评价等级分为优、良、合格与不合格四个等级。80分及以上为优秀,70—79分为良好,60—69分为合格,60分以下为不合格。

(撰稿者:杜雪峰)

第三章

课程即生命张力

作为独特的生命个体,每一个孩子都是丰富的世界。当我们以"蚂蚁之眼"放大每一个细节,认真观察孩子们的一言一行,体悟每一句话、每一个动作背后的动因时,就会发现这里面有超越我们想象力的内在力量在左右生命的存在和生长。教育的本质是为了提高生命的质量,课程要有生命意识,要彰显生命的立场、凸显生命的张力,要看得见活生生的人。其实,课程的本质是不断接近的生命关怀,是行走的人文风景。

淳真语文：把真善美融进语文

课程主张　发现语文至淳至真之境

"淳真语文"主张挖掘古往今来作品中精深的文化特征或道理，追溯文化的源头，引发文学作品与现实的联系，指导学生应用到现实交际中，感染和吸引学生，让他们产生学习语文的兴趣、找到学习语文的目标和动力，并且演变成亲近语言文字的主动行为，从而让语文"美起来"，彰显语文的生命力。

实践"淳真语文"，首先应建立起学生对于语言文字的审美观。就像做人讲求真善美一样，语文教学培养的是有合格语文素养的学生，教给学生的应是"雅"而"正"的东西。情感真挚、文字淳朴的作品应为美，而单纯舞文弄墨却鲜有思想含量、言之无物的作品则不够真。其次教师应在备课时钻研情感真实感人背后的文字组织形式，为学生情感美的体验找到路径，从而更深层次地体会感性的情与理性的语言组织逻辑之间的微妙关系，让学生对语言文字的理解由感性上升到理性，形成对语言文字风格的初步认知。因此教师应在学生参与的语文活动中鼓励学生的真实发挥、尊重学生的个体体验，并在评价中运用与教学时一致的标准，形成学生对于语文学习自主的认识和价值观。

一、创设情境，品其淳真

"淳真语文"所推崇的语言质朴浅显，并非是语言的平淡无味，可以以一些生动的例子让学生明白。例如唐代山水田园诗歌流派的代表诗人孟浩然，他外表"颀而长，峭而瘦,衣白袍",实在无什么吸引人之处。然而在了解他的王士源看来,他是"骨貌淑清,风神散朗"的,颇有韵味。再看他的诗歌,《春晓》《过故人庄》……也觉得味道平淡、才情不够。然而他并不是追求表面上的语言美,而是一种意境。闻一多曾指出:"真孟浩然不是将诗紧紧地筑在一联或一句里,而是将它冲淡了,平均地分散在全篇中……淡到看不见诗了,才是真正孟浩然的诗,不,说是孟浩然的诗,倒不如说是诗的孟浩然,更为准确。在许多旁人,诗是人的精华,在孟浩然,诗纵非人的糟粕,也是人的剩余。"他的看法与沈德潜"语淡而味终不薄"一致。这种淡、这种淳朴,是能领着你进入一种诗境,让你看到形象,感受到韵味,但要把它的诗境、形象、韵味归结为某一两个句子写得好,或者说是由于某种单一技巧的表现,是远远不够的。譬如一位美人,她的美是通体上下、整个儿的,不是由于某一部位特别动人。她并不靠搔首弄姿,而是由于一种天然的颜色和气韵使人惊叹。正是因为有真彩内映,所以出语洒落,浑然省净,使全诗从"淡抹"中显示了它的魅力,而不再需要"浓饰盛妆"了。以开创田园诗派著称的陶渊明在《归田园居》中描写的真景实事予陆游以启迪,唐代山水田园诗人孟浩然的名作《过故人庄》又给他带来恬淡中有淳美的丰富感受,这些都是陆游诗歌创作汲取的充足养料。中华民族是一个泱泱诗歌大国。从《诗经》到《楚辞》,从建安七子到陶渊明,从唐诗宋词到元曲戏剧,可谓高潮迭起、名家辈出、精彩纷呈、璀璨夺目。诗人们张扬人间,寄情世外,漱涤万物,牢笼百态,人情物理,体察入微,或醉或醒,或执着或洒脱,或沉郁或飘逸,或激昂或淡远,风情万种,千古流芳,这是前人留给我们的宝贵遗产,批判地吸收和创造性地继承这个精神养料,对于滋养性情、陶冶灵魂、重铸民族精神具有其他任何东西都无法替代的作用。

二、诗意引领,朗读传情

"授人以鱼不如授人以渔",学生掌握了学习语文的方法,方可受益终生。语文教学方法应遵循美的规律。遵循美的规律是人类实践活动的共同特点,即遵循着目的性与规律性(美与真)高度统一的模式而进行的自由创造的实践活动,必然表现出美的形式来。语文教学作为人类实践活动的一种，当然也就毫不例外地要遵循这一规律。

古人云："读书百遍，其义自现。"朗读是学习语文的重要方法，它不仅有助于理解文章的思想内容，而且能体会语言的意境，能让学生置身于浓郁的情境中，感怀身受，遐想翩翩，其乐融融。在教学时，教师引导学生反复朗读，就会调动学生的情感，使古诗美的意境得到渲染。反复诵读之法也就铭记学生心间，在今后的诗歌朗读中，学生也就会自由地追求纵情渲染美。

诗人荷尔德林说过："人，诗意地栖居在大地上。"语文课堂作为学生和教师栖居的主要场所，更应当充满浓浓的诗意——涌动诗的灵性，洋溢诗的浪漫，弥漫诗的芳香，勃发诗的激情，流淌诗的旋律，演绎诗的精彩。古诗具有很高的审美价值，只有通过细心体会、欣赏，才能得到美的熏陶。教学中，教师引导学生在动口、动脑、动心的体验中再现美、感受美、升华美。古诗常常是"诗中有画，画中有诗"。绘画是色彩、线条组合和搭配起来表情达意的，而诗中的画意则是通过文字符号的组合来表现的，但诗中的意蕴远比绘画本身来得开阔和深远。如何积极引导学生感受诗中丰富的色彩、多样的形象以及幽远的意蕴呢？只有教师在着力引导学生诵读古诗，初步感受古诗大意后，酌情点拨，激发学生对诗文的情感体验，感知美的情愫，放飞想象，产生心灵的共鸣。

三、媒介使用，淳真陶冶

课堂永世是我们流传诗情画意的主阵地。课本递给我们的每一篇文章都是一朵含苞欲放的花，我们不能把它们生硬地摔在孩子们的眼前，我们必须用诗的语言去催发这一朵一朵欲放的花苞，让它们诗意地盛开在孩子们的心田。师生的心灵应沉浮于语文的字里行间，浸染着墨韵书香，扬起率真灵动的生命激情，给予师生一种诗意的生命享受。有时这种媒介可以是多媒体。例如我在教授《爸爸的花儿落了》这课时，为了拉近学生与英子及时代的距离，选用了传唱经久的歌曲《送别》，辅以与歌词相同步的一组图片制成PPT课件，上课之前放映给学生看，歌中之情感染了大部分学生。"未成曲调先有情"，如此深情并茂的导入，让课堂教学充满诗情画意，体现出鲜明的抒情格调，叩击了学生的心扉，让学生接受美的熏陶，使情与景偕，情与理融。这种熏陶不仅有利于语文学习本身，而且还有利于学生心灵与人格的健康发育。语文课文中的许多情境，学生无法直接感知，在教学中，我根据实际情况模拟情境、再现情境，让学生在诗意的画面中愉悦地入情入境。语言文字是抒发诗人情感的，而感情又一定要通过形象，构成一种意境，然后借助语言文字表达出来。因此选进课文的经典美文是十分注重形象描绘的。所谓"诗中有画，画中有诗"就是这个道理。如果教师能将抽象、凝练的语言与具体的形象实物联系起来，将课文中的"形象"化为可作用于可感的一幅幅动态的画面，那么教学往往会收到事半功倍的效果。有时这种媒介可以是语言。文学作品的风格实质上是作家的风貌、创作个性在作品中的体现。我们阅读作品时，就应细细品味作家自我形象的人格美。心理学家认为，严谨的语言使人可信，幽默的语言使人愉快，激昂的语言使人振奋，形象的语言使人清晰。著名教育学家夸美纽斯说："教师的嘴，就是一个源泉，从那里可以发出知识的溪流。"这句话精辟地道出了语文老师课堂语言的重要性。在课前或授课之后，推荐一些与课文相关的散文或小诗呈现给学生，以教师范读或学生深情朗读的方式推广，能够调动起课堂氛围、提升学习兴趣和专注力，帮助本篇课文的学习，也能有助于课内阅读向课外阅读的延伸，这种推荐方式远比简单生硬地布置一下相关课外阅读来得有效。所以说，语文课堂要有朗朗读书声；语文课堂要有激荡的情感味；语文课堂要有率直的儿童味。

　　感受语文的淳真境界，需要一双伶俐的眼睛，灵性的耳朵和一颗诗意盎然的心灵。所以，要引领孩子们广泛体验生活，培养观察能力。一花一世界，一草一人生；一俯首一回眸，一睥睨一蹙眉都是我们诗意的原动力。诗意语文大师王崧舟先生曾言："语文教学过程就是一个'物我回响交流'的过程。这是精神的自由交流，是思想火花的碰撞。在对话中体验人生的种种况味，激发学生的情感渴望，点燃学生的心灵火花，这是诗意语文、诗意课堂的应有之义。"教师珍视学生的独特体验，才能享受到诗意带来的淳美，心灵之翼才能在语文教学中自由翱翔。作为一名语文教师，在教学中培养学生的审美情趣，实现人格的完美和心灵的和谐是我们每个语文老师义不容辞的责任。我任自己深爱着诗歌的心灵在盛唐歌吟、在宋词流转的时空里栖息，恣意吮吸它们留给我的芳香余韵,并乐意以一颗纯洁的诗心、一片天真的诗情染我的语文教学以点滴诗意,给我的学生以一片弥漫诗意的天空。教学过程中每一个环节,每一个步骤,每一个目的的实现都是一种艰难的逾越。教师在引导学生逾越的过程中,要做到将每一步的"障碍"都了然于胸,"使它沉浸到自己的心胸和筋肉里"(朱光潜语),真正成为引导学生逾越"障碍"的使者。那么,在学生眼里,每一步艰难的逾越便都成了愉悦的逾越。

课程设计　书香悦我

一、课程背景

　　一次成功的语文学习,首先应是一篇流淌着诗意的美的散文:对学生而言,能启心智,长见识,陶冶情操,诱发不尽的遐想;对老师而言,读着语文,仿佛在和历史对话,和大师倾谈,那深入浅出的道理,那五光十色的美景给了我们多少美好的享受。师生的心灵应沉浮于语文的字里行间,浸染着墨韵书香,扬起率真灵动的生命激情,给予师生一种诗意的生命享受。高效的语文学习,需要剥离浮躁,静下心来,潜心钻研,感受语文至淳至真的境界,从文字的真来到生活的真,感受文学与生活的联系,感受语文学习的魅力。

　　中华语言文化博大精深,要学好语文并非一蹴而就的事。但现在应试压力较大,许多学生带着急功近利的心态学习语文往往事倍功半。我们的教材中所选的篇目多数为经典,但是却唤不起学生学习的兴趣和热情,主要的原因便在于此。语文学科偏感性重体悟,唯有静下心来细细品读才能感受语文学习之淳厚的真味,达到融会贯通的境界。这就需要教师搭建起沟通学生与文学作品的桥梁,带领学生发现文学中的真实细节、文学中的美妙手法,令学生逐步感知文学的吸引力,令学生们通过已掌握的学习方法举一反三,奠定长远发展的基础。

基于以上原因,开设"书香悦我"课程,意在回归语文学习的基本动作——广泛的阅读,逐渐建立起学生与语文之间的联系、对文字产生亲近感,并逐渐提升对于语文学科学习的兴趣和能力、提升学习效率。"书香悦我"课程的建设和推进,有助于加强学生的文学知识储备,强化基本功,提升文学文化素养,增强学习文学的兴趣,培养认真、钻研的学习态度,进而可以提高思维能力与语言表达能力,促进相关学科学习能力的提升。

二、课程目标

1. 阅读并鉴赏相关作家经典作品,形成对作家、作品、时代的基本感知,通过阅读总结阅读经验,形成一定的鉴赏能力。

2. 了解各个历史阶段中国文学的基本特征,阅读并了解富有代表性的文学家及其作品,发展搜查资料、鉴赏品评、质疑释疑等自主学习文学的能力。

三、课程内容

共计十六个课时。第一课时:汉字的基础知识、六书造字法。第二课时:汉字的演变。第三、四课时:歌与诗。第五课时:古典诗歌的吟诵:诗歌的起源。第六课时:古典诗歌的吟诵:诗歌吟诵聆听介绍。第七课时:古典诗歌的吟诵;古典诗歌吟诵实践。第八课时:中国文学史梳理(一)。第九课时:中国文学史梳理(二)。第十课时:春秋"礼"、"乐"的分流。第十一课时:先秦诸子百家思想简介(一)。第十二课时:先秦诸子百家思想简介(二)。第十三课时:建安文学风貌的形成。第十四课时:魏晋文学简读。第十五课时:魏晋女性的转变。第十六课时:考核、评价。

四、课程实施

为拓宽学生的眼界,使之充分感受和体验中国文学丰厚的底蕴和丰富的艺术表现形式,在课程设计中充分选取了各个历史时间段富有代表性的文学体裁和具备鲜明个性的文学现象,探究其特色和反映的文学文化内涵。本课程安排十六课时,主要采取启发讲授、表演访谈、资料收集、圆桌讨论、辩论写作等方式实施。

1. 启发讲授。对于必要的理论知识进行课堂讲授的方式,指导学生掌握学习必要的基础知识。

2. 表演访谈。对于文学作品中特立独行的人物以小故事的形式呈现,根据学生的兴趣组织学生表演,为人物表现提供更大的空间。

3. 资料收集。举一反三,搜集同一作家、同一时代的更多作品或评论。

4. 圆桌讨论。针对同一话题,各小组进行不同角度的讨论。

5. 辩论写作。开展辩论赛或现场小篇幅的作文写作,然后全班交流。

在课程实施过程中要特别注意两点。一是准备充分。在组织学生集体探讨或个别展示前,老师自己要充分准备相关内容,提升自己的知识了解深度、具备适当的点评能力。同时教育和引导学生进行相关资源的查阅,进行思维方式的启发,以使活动效果热烈,活动收获丰富。二是及时研讨反馈。在借用了视频、音频等资源后,对观摩后的感想要做及时的交流,以保留最真实的感受,抓住有效的教学契机。同时,课程内容编排注意对时效性内容的审核,根据需要替换最新热点。

五、课程评价

1. 对学生的评价分别从"课前准备、参与态度、知识掌握、方法应用、成果展示"五方面进行综合测评。考评分"平时考核"和"期末综合评定"两步:平时考核内容为出勤情况、提问检测、作业情况;期末综合评定内容为个体创作,言语表达等。

2. 考评按照自评、互评、指导教师评价相结合的原则进行,最后形成综合评定等级。其中,自评权重为20%,互评权重为30%,指导教师评价权重为50%。

3. 学生评价等级分为优、良、合格与待合格四级。80分及以上为优秀,70—79分为良好,60—69分为合格,60分以下为待合格。

4. "书香悦我"学习评价表

评价指标		分　值	评　价		
			自评(20%)	互评(30%)	指导教师评价(50%)
平时60%	出勤情况	15分			
	提问检测	30分(积极参与课堂活动,主动交流,大胆发言10分;发言主题清晰,逻辑连贯、有理有据10分;发言表达自然得体,恰当使用肢体语言,声音响亮、口齿清楚10分)			
	作业情况	15分(及时提交3分,紧扣主题5分,内容充实4分,富有文采3分)			
期末评定40%	个体创作	20分(贴合主题8分,内容充实5分,逻辑连贯5分,富有文采2分)			
	言语表达	20分(声音响亮,口齿清楚,语调语速得当5分;表达自然得体,有动作,表达恰当5分;互动交流5分;媒体、工具使用5分)			
综合评价					
评定等级					

(撰稿者:张姝妍)

活力英语：人是演绎着的语言

> 课程主张　英语课堂应充满活力，富有生气

"活力英语"主张英语课堂应充满生命力，丰富多彩，富有生气和创造力。"活力英语"课堂是对传统英语课堂教学的一种挑战，是对以教师为主体的课堂教学模式的一种颠覆；就是把静态的课堂变成了动态的课堂，让课堂永远充满活力的涌动。引领学生轻松愉悦、富于激情活力地学习，从而激发学生的创造力。

教学是一门艺术。长期以来我们课堂教学延续着以教师为主体，学生为客体的状态，教师主动卖力地传授着书本知识，而学生被动地机械地记忆着浩如烟海的知识。这是一种背离了教育主体是学生的科学理念。这样老师虽说是很辛苦的，但学生却是无奈的，尽管师生付出了巨大的劳动但常常收获甚微，效果不好。归纳起来，具体表现在以下几方面：教师讲授多，学生实践少；老师以"讲得多"、"讲得好"为满足；"满堂灌"的现象依然普遍。实践证明：重复讲解学生已知的内容很容易引起学生的心理疲倦，造成课堂气氛沉闷，学习兴趣降低，从而使课堂教学低效，甚至无效；关注知识多，学法指导少。"授之以鱼不如授之以渔"这句话老师们再熟悉不过了，但在实际的课堂教学中，老师关注的是知识点的讲解是否全面、到位，在指导对学生如何学会学习上关注少，做得少。结果学生只会被动地"接水"，不会主动地"取水"，造成课堂效率低下；教师关注预设多，关注生成少。课堂上，老师把注意力放在预设的教案上，即按教案教，时刻关注的是教学环节的推进，学生回答的问题是否按老师的意愿去回答，把学生纳入自己事先编织的框架；活动形式多，实际收效少。无论是操练、讨论、反馈，都只有

少数尖子生参与、表现,大部分学生没有真正参与;统一要求多,个性发展少。教学目标的确立、问题的提出、活动的设计都缺乏针对性和有效性;整齐划一的练习多,发展个性、分层选择的任务少。凡此种种造成了课堂气氛沉闷,呆板枯燥,效率低下。

一、激活课堂,激活生命

一位教育家曾说过:"英语课堂是一扇窗,推开窗,学生发现的是一个奇妙的世界,语言是一个家,在这个家中最重要的是人。"著名的教育学家叶澜教授也认为:"课堂教学蕴含着巨大的生命力,只有师生的生命力在课堂教学中得到有效发挥,才能真正有助于师生的成长,课堂上才有真正的活力。"因此,我们应从生命的层次进行英语课堂教学,让英语课堂充满生命的活力,让英语课堂成为学生的乐园。

(一) 教师充满活力,以激情饱满的情绪,激活"课堂"

教学是一门艺术,如果把课堂教学当作一场表演,那么教师无疑就是这场表演的导演,可以说,教师是学生学习情绪的主导者。营造有活力的课堂气氛,首先要求教师在课堂上要精神饱满,充满自信。教师尽可能多地用风趣幽默、充满诱因或悬念的语言配以丰富的表情和手势等身体语言组织课堂教学,激发学生的兴趣和思维,让学生积极参与到课堂教学中来。因此,任何时候教师都应该带着经松愉快的心情走进课堂,以良好的情绪感染学生,带动学生的学习积极性和学习兴趣,从而使课堂充满活力。

(二) 教师充满温情,用无微不至的关爱,激活"学生"

学生是学习的主体,是学习的主人,有活力的课堂离不开有活力的学生,活力来自学生主体。一位成功的英语教师要在教学中有意识地培养学生对英语的持久兴趣,使他们对英语乐学、善学、会学,学而忘我,乐此不疲,为英语学习提供源源不断的动力。成功的教学是激发学生的学习兴趣,开启学生的求知欲望。而英语作为一门语言课,更需要老师运用智慧在教学过程中精心创设真实情境,激发学生的兴趣和思维,让学生在活跃、愉快的氛围中学习英语,学会英语。

在教授《Numbers》这一课时,课前教师可以问这样一些问题:What's your favourite number? Why? Guess when is my birthday? If there's no numbers, what will our life be? How are numbers invented? 这些问题与学生自身和学生生活密切相关,从而激发了学生的兴趣和思维。又如教学《Chaplin》一课,课前教师可以准备一些道具,有 a big hat/a stick /an umbrella,教师先自己表演一下卓别林式行走,这样的滑稽幽默引起学生哄堂大笑,此时学生有了浓厚的兴趣,教师再不失时机地鼓励学生们来阅读课文《Chaplin》,参照课文让学生来表演其中的角色卓别林,使学生有参与感,从而吸引他们的兴趣,有效调动学生的生活积累和知识积累,学生学得就很积极投入,效果也非常好。

(三) 教师充满智慧,以丰富多彩的方法,激活"课本"

1. 巧用竞争

竞争永远是一剂课堂兴奋剂。形式多样的竞争比赛是激活课堂行之有效的方法。竞争好胜心理驱使学生乐于参与比赛活动,在培养学生灵活运用所学知识方面有很大的作用。在紧张、热烈的竞争气氛中,无论是小组比赛还是个人比赛,学生都满腔热情地参加,课堂气氛可谓空前高涨。我的英语课堂教学中,最热闹的一环就是竞争比赛。"Guessing game"是教学中广泛运用的方法,而"Memory game"可以考察学生的瞬时记忆和眼力。在竞赛过程中,学生们既能赛出基础,又能赛出能力,且越赛越有兴致。运用竞赛,挖掘学生学习的"潜能",最大限度地调动了学生的积极性、主动性以及思维的灵敏性。

2. 创设情景

教师要根据不同的课型,引导学生创设不同的情景,让学生在情景中学会交际、学会合作、学会迎接挑战、学会不断完善和超越自己。创设真实的交流情境,使学生迅速进入学习英语的最佳状态,是激发学生学习兴趣、激活英语课堂气氛的有效措施。综合英语的实践性、学生的生理和心理特点,根据不同的课型,笔者给学生创设了许多闪耀着生命光彩、兴趣盎然的英语情景。比如新学期一开学,教师一进教室,许多学生就亲热地凑到了老师的身边。这个暑假,老师干什么去了?同学们都非常想知道。于是老师灵机一动,那天的英语课没有教课本上的内容,而是来了一回别开生面的"答记者问",英语课堂已俨然成为师生交流的课堂、对话的课堂、碰撞的课堂,英语课堂焕发出了生命的活力。

3. 让生活常驻课堂

丰富多彩的现实生活是学生学习的兴趣之源。教师要把课堂变成一个浓缩的微型社会:把"花草树木、高楼大厦"都"请"进课堂,让课堂活起来;让学生在生活情景中学会体味人生。为此,教师可在课外拓展"我们身边的英语"的实践活动,如"眼镜盒上的英语"、"广告牌上的英语"、"衣服上的英语"……使学生们对身边一切带有英语的事物产生强烈的好奇,让学生领悟到英语不仅仅存在于书本中,还存在于我们生活的每一个空间,使学生亲身体验到英语就在身边,遂而产生对英语的亲近感。教师还应善于把来自生活的知识再融入生活,引导学生在课本知识中领悟生活,在实践生活中运用知识。如在讲授《Whiz-kid》时,我搬出了学生非常喜欢的电视剧《成长的烦恼》,让学生们去扮演剧中的角色。我先让学生课前仔细揣摩,然后在课堂上让他们充分施展自己的表演才能,学生们的积极性都很高,纷纷参与到其中的角色中。只有让学生从课本走向生活,才能真正体验到英语学习的真谛和乐趣,获得成就感,激发学习欲望。

二、教师营造氛围,以丰富的情感,激活"生命"

1. 施以微笑,让学生喜欢你

"乐其师而信其道",一般说来,学生喜欢某位老师,自然就会喜欢上他的课,并能主动接受这位老师所传授的知识,相对来说,其课堂气氛就会相对活跃。而教师的一个友好的微笑,一句体贴的话语,一个会意的眼神和一个轻微的触摸,都会使学生感到格外的亲切。因此，教师若能把微笑带进课堂，把欢乐带给学生，学生自然就会格外亲近你，格外喜欢你。这样，他们会特别愿意接受你说的话，你的课堂也必将充满活力。

2. 给予鼓励，让学生相信自己

在教学过程中，教师应该对学生充满信心，多看学生的优点，保护学生的自尊心和学习英语的积极性。当学生出现错误时，教师要给予充分的谅解和适度的宽容，引导他们，鼓励他们，使他们在自己的学习中，在成功的体验中树立信心，成为课堂上最活跃的部分。美国著名的心理学家雷耳说："称赞对温暖人类的灵魂而言，就像阳光一样。"教师应看到每一个学生都有其闪光的一面，教师要懂得欣赏每个学生，对每个学生都暗含期待。在英语课上，教师应全力肯定学生的一切努力，保护学生的一切尝试。对学生的表现给予发自内心的赞赏，肯定他们的点滴进步，学生从教师的举止言行中感受到了教师对他们的爱意和鼓励，体会到了自己的生命价值，就会逐渐消除用英语交际的胆怯心理，树立参与课堂活动的信心。

3. 因材施教，让学生体验成功

在教学中，教师要注意因材施教，对不同的学生采用不同的要求，让不同层面的学生都有事可做、遇事能做，做到有收获、获得成功的体验，从而在英语学习过程中更加投入，使英语课堂充满生机。"Interviewing a doctor（What would you like to be?）"这节课通过对一位医生的采访，重点让学生了解该职业的内容，工作时间，是否喜欢该职业及其原因，也可以拓展学生对于不同职业的看法以及阐述自己的职业理想。在"pre-task"环节，我采用"Brainstorm"的方式激活课堂气氛，让学生谈谈自己所知道的各种职业，可从父母、亲戚或熟悉的人入手，由于是学生熟悉的话题，学生们立即进入状态，争先恐后地发言，我适时地进行点评和追问，课堂时时爆发出笑声和掌声，课堂气氛十分活跃，富有生气。紧接着我设计问题延伸至"while-task"环节："What do you want to know when you interview a person about his or her job?"让学生根据自己的已有经验想象一下如何采访某人，学生的兴趣立刻被激发起来，积极性和主动性被调动起来，他们互相交流，集思广益，一个个问题脱口而出，远远超出了我的设想，然后我让学生们一起讨论并筛选归纳了几个最核心最有针对性的问题。

　　一堂课犹如一出戏。有教师的全情投入、全体学生的积极热情参与，英语课堂必能焕发活力。有活力的教学课堂可以改变以往课堂中单调枯燥，死气沉沉的气氛，从而建立和谐的师生关系，营造浓厚的学习气氛，激发英语学习兴趣，提升英语课堂质量。让英语课堂展现出蓬勃的活力，不仅要探索好的教学方法，使英语课堂成为学生施展兴趣的天地，成为学生发展创造思维的载体，成为学生表现自我的舞台，更要调整好自己的思维坐标，让我们的课堂真正"活"起来，让我们的学生"活"起来，让我们的教学方法"活"起来，唯有如此才能打造有活力的课堂，让英语真正走进学生的生活，走进学生的心灵深处。

课程设计　活力英语

一、课程背景

　　英语作为全球使用最广泛的语言之一，是国际交往和文化科技交流的重要工具，也是使中国更好地了解世界、使世界更好地了解中国的主要桥梁。同时，英语对我国的社会发展、经济建设和科技进步也具有非常重要的作用。因此，我国在义务教育阶段开设英语课程有利于提高整体国民素养，促进科技创新和跨文化人才的培养，提升我国国际竞争力和国际交流的能力。在义务教育阶段开设英语课程对青少年未来发展具有重要意义。学习英语不仅有利于他们更好地了解世界，学习先进的科学文化知识，传播中国文化，增进与各国青少年的相互沟通和理解，还能为青少年提供更多接受教育的选择和职业发展机会。学习英语能帮助他们形成开放包容的性格，发展跨文化交流的意识与能力，促进思维发展，形成正确的价值观和良好的人文素养。学习英语能够为学生未来参与知识创新和科技创新储备能力，也能为他们未来更好地适应世界的多极化、经济的全球化、社会的信息化奠定基础。

初中英语课程标准强调英语教学应从学生的学习兴趣、生活经验和认知水平出发，倡导体验、实践、参与、合作与交流方式和任务型的教学途径，发展学生的综合语言运用能力。英语作为一门语言学科，具有很强的实践性，学习外语不能仅靠听懂老师讲解的语法规则，更为重要的是通过反复的听、说、读、写练习和亲身实践，逐步学会使用语言。因此英语教学必须真正突出学生主体地位，学生是学习的主体，教师应该在教学过程中精心创设真实情境和任务链，搭建适宜的学习平台，引领学生在愉快的富于激情活力的氛围中学习英语，学会运用英语和用英语思维。

英语课堂应该是灵活多样的，丰富多彩的，充满活力的。师生交流，生生交流，组内交流，组际交流，自主学习，合作探究，辩难质疑，有活动才有活力，这就把静态的课堂变成了动态的课堂，让课堂永远充满活力。教师应引领学生轻松愉悦、富于激情活力地学习，从而激发学生的创造力。只有学生真正确立起了主体意识，学习的兴趣才能油然而生，自信心以及自主学习的能力也会逐步形成。语言学习需要大量的输入，丰富多样的课程资源对英语学习尤其重要。英语课程应根据教和学的需求，提供贴近学生、贴近生活、贴近时代的英语学习资源。教师要因地制宜，创造性地利用和开发现实生活中鲜活的英语学习资源，积极利用音像、广播、电视、书报杂志、网络信息为学生拓展学习和运用英语的渠道。众所周知，语言类课程具有很强的实践性，学习语言不能仅靠听懂老师讲解的语言规则和难点，必须要靠大量的、反复的听、说、读、写练习，要通过亲身实践，逐步学会使用语言。

二、课程目标

1. 确立学生的主体意识，培养学生综合运用语音、词汇、语法进行听、说、读、写的交际能力。

2. 采用多维评价体系，改进教学方法，提高学习效率，激发学生的学习潜能和生命活力。

三、课程内容

（一）英文歌曲演唱比赛

展开对欧美经典英文歌曲和流行歌曲的欣赏和模仿，开展经典英文歌曲演唱及比赛。在学唱英文歌曲的过程中可以感受到语言文化的熏陶，而由此获得认识、情感，这必将迁移到英语学习中去，产生良好的影响，从而拓宽知识面。

（二）英语趣配音

英语类 APP 中每日会更新最新最热的英美剧、动漫、歌曲等视频资源，英语学习和英语爱好者可以摆脱枯燥无味的背书学习方式，自由选择模仿、跟读喜欢的视频，通过配音练习来学习英语、提高口语、提高听力。视频台词中的生词点击直接翻译，一键加入生词本，随时进入学习中心巩固积累词汇，不知不觉中提升词汇量，让英语学习充满活力和趣味。

（三）英美文化常识竞赛

学习语言就要了解该语言的文化常识及背景知识，英语学习也不例外。了解英美文化常识及背景可以提高学生的阅读理解水平，扩大文化背景知识，深入了解英美文化、社会习俗与我国文化和习俗之间的差异，提高学生英语语言的应用能力，培养学生跨文化交际的能力，在认识和了解西方社会文明的过程中逐步提高个人的文化素质和修养。重点了解社交礼仪与礼节、社会风俗与习惯、生活方式与风格等。

（四）英美影视经典台词朗诵展示

英美原版影视赏析可以培养学生一定的综合运用语言技能，影片生动地创设出真实的语言环境，强化学习语言的氛围，展现英语国家的风土人情以及社会、历史与文化背景。学生接受到丰富直观的语言信息，学习大量常用词汇和地道表达，培养跨文化交际能力，促进发散性思维的发展。

（五）英语课本剧表演

学生在编演课本剧过程中，全程主动参与，多感官运用，将英语学习最大限度地生活化，从而自然而然地理解并学会运用教材内容，通过表演英语课本剧让学生再次对课文内容认知内化并加深理解，还可以培养合作能力，发挥各自所长。课本剧表演对培养学生的综合素质，实践能力，创新精神和审美情趣都有积极的意义。

四、课程实施

课时安排：每周1—2课时，共计20课时。实施安排：启发讲授，经典观赏，演讲表演，知识竞赛等方式。

1. 启发讲授。在英文歌曲中，一遍又一遍地听那些优美的英语语言，让学生可以在很轻松的环境中掌握形式多样的语言表达和地道、纯正的英语。唱一唱英文歌对学英语很有帮助，可以提高口语和发音，提升英文表述能力，英文歌曲的意境还能使想象力逐渐活跃起来，从而有效地促进英语思维能力的发展。

2. 经典观赏。欣赏经典英文的电影如《音乐之声》(The Sound of Music)、《狮子王》(The Lion King)、《风雨哈佛路》(Homeless to Harvard)、《美丽人生》(Life is Beautiful)、《阿甘正传》(Forrest Gump)、《幸福终点站》(The Terminal)、《天使爱美丽》(Amelie from Montmartre)、《哈利·波特》(Harry Potter)等。

3. 演讲表演。学期结束开展英语演讲汇报，从而有效地促进英语思维能力的发展。

4. 知识竞赛。以竞赛的方式，重点了解社交礼仪与礼节、社会风俗与习惯、生活方式与风格、食品与饮食习惯以及传统节日及历史等方面。

五、课程评价

1. 对学生的评价分别从"课前准备、参与态度、技能应用、成果展示"四方面进行综合测评。期末,根据分值比例,综合测评出等第奖及评选出五星全能,四星全能和三星全能的奖项,并向学生颁发奖状和证书。

2. 考评按照自评、互评、指导教师评价相结合的原则进行,最后形成综合评定等级。其中,自评权重为20%,互评权重为30%,指导教师评价权重为50%。

3. 学生评价等级分为五星全能,四星全能和三星全能。

4. "活力英语"学习评价表:

板块项目	分值	自评(20%)	互评(30%)	指导教师评价(50%)
英文歌曲演唱	20%			
英语趣配音	20%			
经典台词朗诵	20%			
英美文化背景知识竞赛	20%			
英语课本剧表演	20%			
综合评价				
星级全能				

(撰稿者:丁春华)

第四章

课程即内在觉醒

每一个孩子身上都有一个"开关",教育的关键在于能否找到这个"开关",并触动它,让孩子深深地爱上学习。一个孩子是否喜欢这门课程,在很大程度上取决于学这门课程能否让他持续地体验到愉悦感,是否让他产生内在觉醒的自由感,是否让他拥有深深眷恋的游戏感。为此,我们要创造一个使他的好奇心能够自由发挥的时空,设计能够让他获得成就感的必要难度,建构使他生命觉醒的兴趣"雷达",在雷达搜索范围内,不断"哄着"大脑前行在美好的生命图景里。

动感英语：打开语言学习的开关

课程主张　让学习充满活力

"动感英语"主张将英语学习与娱乐、游戏和英语文化的体验融合在一起，通过多姿多彩的动感教学激发学生的学习兴趣，让学生趣中求知、学以致用，提高学生的学习效果。"动感英语"学习遵循四动原则：动心、动脑、动手、动听。在学习过程中学生需要动心发现、动脑设计、动手参与，这样学习的英语才是动听的，有活力的。

一、动心发现身边的现有材料，让英语学习更加真实、生活化

以沪教牛津版六年级下学期第五单元"My possible future"第二课时为例，希望学生学习新单词"tall, height, baker, reporter, singer, good-looking, slim"等及句型，能用这些单词句型来表达自己可能的将来，从而激发学生朝着自己的梦想努力。上课前播放了一首《时间都去哪儿了》将学生带入课堂，紧接着PPT中播放了班级部分学生小时候的照片，学生比较活跃，看着自己或同学的照片很激动，通过学生小时候和现在的对比，让学生直观地感受他们的变化。这与文中的"He will be 175 centimeters' tall/He will weigh ……"相呼应。在最后一个环节，PPT中展示了个别学生在劳动打扫卫生、演讲、唱歌、跳舞等照片，让学生预测"他们未来的工作可能是什么"，因为是自己班里的同学，大家都比较熟悉，预测他们将来可能的工作，学生们很积极，能准确地用所学句型"He/She will possibly be a . . ."表达出来。

沪教牛津版七年级第二学期 Moudle 2 Unit 5 "What can we learn from others"第三课时选举"Model student",为了让话题贴近学生,笔者还是利用了班级学生的资源:课前给全班同学每人拍了一张照片,然后用这些照片作为素材,将这些小照片放在课件里,每张照片做了相应的动画,会随时出现和消失。当活动进行到最后一环节"vote for the model students in our class"时,同学们都睁大了眼睛,盯着电脑屏幕看照片,思考片刻后,学生们积极举手发言,选择自己的好朋友做模范学生,而且能结合实际情况,列举出推选的理由。"I think … is a model student, because …"这个环节学生参与度较高。

二、动脑设计、角色扮演,让文本材料"动起来"

沪教牛津版七年级第二学期 Moudle 2 Unit 5 "Mr. Wind and Mr. Sun"这一课中,讲述的是太阳和风两人争论谁的威力更大,文中出现了"风温柔地吹、风猛烈地吹"、"行人冷得发抖、热得冒汗"、"太阳露出笑脸"等字样,可以找同学来扮演风、太阳及行人,让学生根据课文描述自己表演相应的动作,这样既可以让文本生动起来,也可以调动学生积极参与到英语学习中。

又如沪教牛津版八年级第一学期 Moudle 1 Unit 3 "The funny side of police work"一文中出现的是警察和"小偷"的故事,教师可以让两个学生角色扮演,提前准备好警察的制服,让学生穿上,通过表演学生会自然而然地掌握文本的信息。

三、动手参与,营造氛围,让英语学习更具"情境性"

沪教牛津版七年级第一学期 Moudle 3 Unit 10 "A Birthday Party"第三课时"Shopping for the party"。本节课文本内容较简单,学习为聚会做准备买东西的相关句型。为了深化学生对这些句型的印象,让更多的学生参与到课堂中,笔者在"Post-task"环节设计了"Shopping for Christmas"的活动,创设了真实的购物情景。课前笔者特意将圣诞树搬到教室,让一部分学生将自己带来的各种小礼物、小挂件、彩灯等悬挂在圣诞树上。另一部分学生则兴高采烈地布置购物场景,蜡烛、彩旗、刀叉、饮料、酸奶、水果、足球、篮球、购物篮等课文中出现的单词都变成了实物,课堂瞬间变成了一个小超市,一位同学自告奋勇地扮演了超市售货员。教室布置好后,学生们都迫不及待地开始上课。果然在"Shopping for Christmas"这一环节中,学生们情绪高涨,注意力集中,各个小组准备迅速,就连平时从不发言的学生也跟着动起来了,他们在各自小组长的带领下先罗列"shopping list",然后根据"shopping list"去购物,在这个商量、讨论、买卖的过程中,学生根据实物复习了单词、操练了句型,也锻炼了口语表达,学习热情空前高涨。

四、信息辅助、模仿操练,让英语更动听,学习更有趣

英语学习途径多种多样,并非仅限于学校的课堂教学,其中,学唱英文歌和配音模仿是深受学生喜爱的学习方法。英语节"班班有歌声"活动中,全班同学一起学唱英文歌"Take me to your heart",学生模仿歌曲的语音语调,猜测单词的含义,学习其中的连读、弱读等诀窍。为经典动画配音,学生在一次次观看动画后,抄录单词,跟读语音,模仿语气,倾情表演,全身投入,原汁原味地学习英语,让发音更动听,更优美,这样的英语学习其乐无穷。

我们的课堂应是一个充满活力的动感的课堂,教学应该是一个动态的过程,动静结合可以激发学生的学习热情和感悟,学生积极参与了课堂互动的过程,逐渐会对这门课产生兴趣。因此"动感英语"教学是一个持久的教学过程,需要教师精心选择文本材料,还需在此基础上做适合学生发展,结合学生实际生活的教学设计。

课程设计　动感英语

适合年级:六年级

一、课程背景

新课程强调要以学生为中心,改变学生的学习方式,倡导建立以"动感"为特征的学习方式,能让学生在参与活动的过程中感受语言学习的魅力,从而体验学习的快乐。研究表明,学生的感知、记忆、分析和应用事物的过程是一个起伏有致,有规律的过程。以此为中心的学习过程更是沿着一条有规律的"曲线"进行的。课堂教学也应更多的关注这个"动感地带"。

"动感英语"教学旨在将英语学习与娱乐、游戏和英语文化的体验融合在一起,通过多姿多彩的动感教学激发学生的学习兴趣,让学生趣中求知,学以致用,提高学生的英语学习效果。通过动感肢体语言以及多媒体辅助教学手段,让"听、说、读、写"贯穿于英语学习、交流过程的始终。通过引用学生最爱的儿歌、游戏,为学生搭建自由交流的学习平台;学生通过"讲故事"讲出英语的美丽,通过续写故事、制作海报等让课堂的知识衍生到课外;影视欣赏让学生了解英美文化,熟悉文化差异,为英语实践奠定基础。除此之外,教师还应该多给学生肯定和鼓励,有了老师的认可,学生的自信心会增加,会更有底气,也愿意学好英语。

二、课程目标

1. 教师通过组织全方位、多层次的课堂活动,提高学生英语课堂的注意力,让学生养成良好的听课习惯,充分发挥自己的主观能动性。

2. 培养学生持久学习英语的兴趣,提高学生的听、说、读、写能力,让英语的学习更有趣。

三、课程内容

本课程包含七讲内容。第一讲:认识自己,熟悉他人(1课时)。会用简单的英语介绍自己、家人、朋友、兴趣爱好等；会用礼貌用语和别人打招呼；了解常用的口语交际用语，能在不同场合与人交流，如 Excuse me, can you tell me how to … /I'm sorry to hear that/Congratulations/That's all right/You are welcome 等，掌握基础的情景交际用语。第二讲：英美文化及东西方文化差异(2 课时)。了解英语的起源；英音和美音发音中常见的不同点；熟悉英国和美国的发展历史、重要地标及书写，准确写出国家、国旗、国家的人，如 England/The UK/Britain/British/America/The United States/American。掌握基本的西方文化礼仪，用餐礼仪等。第三讲：影视欣赏(2 课时)。借助多媒体影像，节选适合六年级学生观看的电影、音乐及视频资料等材料让学生模仿和配音。通过"口语 100"的平台，练习听力和口语表达。第四讲：谚语，好词好句积累(2 课时)。从网络、报刊、书籍中挑选简短的英语谚语和短句。学习谚语表达的意思，学会归纳整理，并摘抄背诵。学习名句名段，赏析经典美文，学习其中的遣词造句，通过海报、电子小报等多种形式在班级中张贴、宣传。第五讲：科普英语阅读(3 课时)。选择性精读 3 篇科普英语段落，教师与学生一起标注生词，分段阅读，探索其中的奥秘。第六讲：写作(3 课时)。学会描写自己喜欢的人、动物、书籍、电影物品等，如，My favorite … person/animal/book/movie/other things … 掌握写信的基本格式和要求，如问候语、祝福语、开头结尾，会写信、回信。学会描写环境一类的文章，如空气污染、水污染、保护环境、保护地球等(Air/Water pollution/Environment protection/Protect the Earth)。第七讲：我型我秀(3 课时)。班班有歌声，全班学习、合唱一首歌曲。学写主持稿，如升旗仪式上的英文自我介绍、校园迎接外宾简短的欢迎词、介绍校园生活的短句表达等。根据自己的特长，准备、排练、参与校英语节，展示自己的才能。

四、课程实施

本课程主要采取资料搜集、视频欣赏以及实操训练等方式。

1. 资料搜集。通过网络、报刊、书籍收集教学资料，教师归纳整理。如第四讲的谚语、好词好句积累。

2. 视频欣赏。充分利用多媒体的画面、音效,提高学生的注意力和学习兴趣。如第二讲的英美文化内容较枯燥,可以借助视频资料让学生一目了然。第三讲的影视欣赏,需要教师精心挑选适合学生观看学习的动画片、电影等。

3. 实操训练。师生讨论、小组分工。如第五讲的科普英语阅读和第七讲的才艺展示。

五、课程评价

1. 评价分数由两方面组成,学生的"平时表现"和"期末综合评定",各占50%。平时表现考核的内容有:出勤、课堂发言、记笔记、作业情况。期末综合评定考核的内容有:基础知识测评、写作、个人才艺展示。

2. 学生评价等级分为:优、良、合格、不合格四档。80分及以上为优秀、70—79分为良好、60—69分为合格,60分以下为不合格。

3. 学期末对优秀学生进行表彰,颁发奖状和奖品。

(撰稿者:李红梅)

趣味物理：物理也可以很妩媚

课程主张　妙趣横生的世界

"趣味物理"主张把一些有趣的物理现象引入到物理课堂中。利用物理趣味性强的特点，营造出浓郁热烈、和谐统一的教学氛围，形成一种生动活泼、轻松愉悦的学习环境，使学生对物理感兴趣，热爱物理，提高物理课堂的时效性和趣味性。

一、趣味物理课堂

上课是教学五环节的核心，是教学有效性实施和体现的过程。如果说，备课是战略，上课就是战术的具体实施，是集调动学习兴趣，明确学习目的，教给学生方法，培养学生思维品质于一体的综合性的师生双边活动。趣味物理课堂实际就是从以下几个方面进行的：

（一）课堂导入注重趣味性

"良好的开端，等于成功的一半"，新课的导入是课堂教学的第一环节。开端即是我们通常所说的新课导入，有趣味的导入，更能够引发学生的好奇心和积极性。新课导入的方式有很多，可以由设问导入、实验导入，还可以利用媒体课件直观导入等。例如在讲《光现象》这一章前，可以把大卫·科波菲尔"穿越长城"、"遮盖自由女神像"的魔术视频播放给大家，在学生惊叹时告诉他们，这里面就有我们要学习的光传播的知识。在学习《光的折射》时，向学生展示海市蜃楼、变形的太阳等图像，通过这些直观材料吸引学生的注意力和求知欲。在讲《功》这节课时，老师可以先让学生猜一个字谜。工人阶级力量大？（打一物理名词）答："功。"也可以举一些生活中看得见、摸得着的现象，如"插入水中的筷子会弯折"、"同样是电，通入不同的用电器会产生不同的作用"，悖论逻辑"轻重两个物体谁下落的快"，新奇的物理现象、实验常常出乎学生意料，使他们兴趣盎然，为后续学习打下良好的开端。

（二）问题提出注重趣味性

物理课堂上，一个有挑战性有启发性的提问，往往能激发学生浓厚的兴趣，使学生很快进入所设置的学习情境中，引导学生主动去面对挑战，去解决问题。例如，在讲水的沸腾时可以这样设计问题：把水烧到沸腾时会有气泡从水底浮上来，气泡的体积会怎样变化？为什么会这样变化呢？学生从来没有仔细思考过这个问题，所以学生会高度集中注意观察实验，从而在主动、积极的心态中进入探求新知识的境界。又如，讲述《功》这一节时，创设了这样一些情景。图片一有两个小和尚站在墙头上搬砖块，每人每次搬的都不一样，一个每次搬的少但高，另一个每次搬的多但低，画面中出现了老和尚的话"今天谁贡献大谁就可以多吃一点"。提出问题：你能帮助老和尚判断谁的贡献大吗？图片二为举重运动员在举杠铃时不同情景下的图片，让学生判断做不做功以及做功多少。在图片的讨论中，大家很好地掌握了知识。这些与实际生活紧密结合的问题很容易激发学生对物理的兴趣，引导他们快乐地享受学习物理知识。

（三）实验设计注重趣味性

课堂实验有利于学生观察现象，寻找答案，在实验中发现、理解和总结物理规律，有利于挖掘学生的创造力，锻炼学生发散思维的能力和培养学生的科学精神。但是在实际操作过程中，很多教师没有重视对学生思维的启发，并且在一定程度上忽视了学生对实验的看法，导致实验成为了单向参与行为，久而久之，学生认真思考与发现的积极性慢慢降低。因此，在设计物理实验时要根据学生身心发展特点，让学生参与物理实验教学的全过程，教师可以引导学生使用身边物品进行物理实验的探究活动，不断拉近物理跟生活的关系，让学生真真切切地感受到物理科学的真实性。例如，教师可以利用学生文具盒中的直尺做关于声学的实验，像声音的产生、声音的响度跟振幅之间的关系、声音的音调与发声体结构之间的关系等。又如，讲大气压强时，就可以设计这样一个实验：把一个杯子装满水，然后用一张纸片盖在盛满水的杯子上，并且迅速将杯子倒过来。然后把托纸片的手撤去，学生会惊奇地发现，水竟然没有倒流出来，"太神奇了"，实验的结果与学生的直觉恰恰相反，学生开始思考"为什么会这样呢"，从而激发了学生思考，使学生感兴趣。这样的实验，做起来方便，实验的结果又大大超出学生的想象，使他们在惊奇现象的同时加深了记忆。而教师此时适时的讲解会立刻引起学生吸收知识的热情，感受到教师传道授业解惑的快乐。

(四) 物理史介绍注重趣味性

物理史料中蕴藏着丰富的科学精神素材，在物理课堂教学中适当地介绍一些科学家或物理发展史会增加学生对物理的兴趣，使学生热爱物理、热爱科学、热爱祖国。以生活中大家熟悉的事例或历史故事、科学家的逸闻趣事设置学习情境，学生在惊奇、感叹中积极性被调动起来。在讲《杠杆原理》前以阿基米德的话"给我一个支点，我可以撬起整个地球"为开头，"阿基米德此人凭什么说出这样的豪言壮语呢？这就基于我们今天要讲的《杠杆原理》"。在日常教学中单纯的讲解很容易让学生觉得乏味，这时教师可以应用多媒体教学拉近学生们与物理学家的距离。例如，播放"诺贝尔和炸药"的视频使学生了解科学家和科学发明的艰辛。在压强的教学中，"马德堡半球实验"是课程要求中必须掌握的关键点。这时候教师可以放一个模仿马德堡半球实验的视频，这样既能让学生掌握这个知识点，又能让学生直观地感受到当时人们探究未知的物理世界所面临的困难；在牛顿定律的教学中，由于"苹果砸出万有引力"的故事绝大部分学生都耳熟能详，这时教师可以给学生们看"苹果树"照片，那是英国剑桥三一学院的苹果树，传说就是那棵树上的苹果在十七世纪落在牛顿头上，启发了他的智慧和灵感，从而发现"万有引力定律"。在物理史料中，有许许多多关于科学家探索、发现物理规律的故事：阿基米德在洗澡时领悟出浮力的定律、伽利略通过对吊灯摆动的观察发现摆的等时性、瓦特由水壶盖被开水蒸气顶起发明了蒸汽机。这些都是培养学生科学兴趣、态度和献身精神的生动教材。这不仅可以缓解学生的学习疲劳，而且还能激发学生学习物理的热情，使学生在心理上和情感上接近科学，开拓学生的视野。

（五）教学语言注重趣味性

教学语言是老师跟学生之间进行信息传递和情感交流的桥梁，如果物理语言过于成人化和专业化，就会使得学生产生一种距离感，让物理变成毫无趣味可言的说教活动。教师要根据中学生的年龄特点，在不破坏知识科学性的基础上，运用有趣的教学语言来感染学生，使课堂气氛轻松下来，学生情绪活跃起来，给初中物理课堂增添一抹灵动，有感染力的语言会使天真活泼、好奇敏感的学生对学习产生积极性，对提高学生的学习效率起到事半功倍的效果。例如，在讲"导线与用电器并联电流的流向问题"时，虽然电流真实存在于我们的生活中，但是确实属于看不见也摸不着的东西，加上初中学生的理性思维能力还没有完全建立，所以理解起来有一定难度。这个时候，教师可以给学生用一个相对形象的比喻："假如我们要去一个地方有两条路可以走，一条公路是收费的公路，另一条跟这条路并行，但是免费的，如果你是驾驶车辆的车主，你会选择走哪一条路呢？"这个时候学生都会回答选择走不收费的道路。教师就可以接着说："你们好聪明啊，电流跟你们想的一样，如果它选择通过灯泡这个线路呢需要耗费电能，因此就选择了不用耗电的导线，这样一来，灯泡就出现短路状态。"这样的教学语言风趣幽默，使得课堂气氛变得活跃起来，提高了教学效果。

二、趣味物理作业

作业是教学五环节中的一个重要环节，具有承上启下的作用，既是对备课、上课有效性的检验,也是辅导和检测的依据。教师在作业设计时要结合学生的实际情况,多改变作业类型,多改变作业方式,吸引学生独立思考,认真地完成每一课时的作业。教师设计和布置作业要体现学科特点、重视知识应用,要和现代化科学技术及生活有机结合起来。物理作业不拘泥于常规的书面作业,可以在课余作业的设计和布置上开动脑筋,多设计一些利于让学生经历实验探究过程,学习科学知识和科学探究方法,提高分析问题和解决问题的能力的作业。这种有利于学生保持探索科学的兴趣和热情的作业,让学生在认识自然的过程中获得成就感,养成独立思考,敢于质疑,尊重事实,勇于创新的良好习惯。提高物理作业的趣味性可以从以下几方面进行:

(一) 生活化习题提升趣味

习题是对教学的巩固,教师在编写习题时如果可以借助身边的常用物品或身边的趣人趣事趣闻的话,能使学生在紧张的答题中得到一丝的放松和愉悦,使之情绪高昂,乐于思考,感受物理学习的趣味。如《功率》一课中,探究如何比较物体做功的快慢时,利用了如下生活情境:在学校组织佘山一日游的春游活动中,体重相同的小林与小峰进行登台阶比赛,共比了两个回合:

第一回合:小林和小峰同时从台阶脚出发到山顶台阶去,结果小林先爬到顶。第二回合:小林和小峰约定,在1分钟内看谁爬的台阶多,结果小林1分钟内爬的台阶比小峰多。这两个回合分别是利用哪种方式比较做功快慢的?第一回合是:不同的物体做相同的功,所用的时间短,做功快。第二回合:不同的物体在相同的时间内,做功多的物体,做功快。学生在答题之余能记起一丝美好的回忆。

又如在学习"摩擦力"知识后,区分不同类型的摩擦力时列举的都是日常生活中的常见事例:A 铅笔写字、B 水笔写字、C 毛笔写字、D 自行车行进中、E 自行车刹车时。如"速度"一课后编写了这样一题:孙悟空具有腾云驾雾的本领,一个筋斗能翻十万八千里(5.4×10^4 km),我国高铁的安全运行速度可达 300 km/h,已知地球到月球之间的距离约为 3.78×10^5 km,请根据这些数据估算孙悟空从花果山约需翻_____个筋斗即可到达月球;若建一条"地月高铁",以 300 km/h 的速度从地球运行到月球约需_____h。

(二) 差异性作业提升趣味

新课标指出了学生之间存在差异,力求满足不同学生学习的需要,因而作业也应因人而异,让作业成为学生自己的作业,即以人为本的作业。如开办"作业超市",根据不同能力的学生布置不同的作业,增加作业的层次性,既关注后进生和中等生,又要关注优等生,让每个学生都体验到成功的喜悦,从而使学生的积极性得到保护,个性得到张扬,不同学生的物理能力都得到展示。如学完《简单电路》一节时,可以这样设计三个层面的作业,让学生根据自己的学习情况来选择完成:A 层次的作业,会根据电路图认识电路的连接方式,判断并认识电路中各元件的名称;B 层次的作业,会根据电路图连接实物图或根据实物图画出电路图;C 层次的作业,让学生结合生活中的具体应用设计电路。又如在初三进行力学实验专题复习时,常遇到没有天平和量筒如何测量密度的问题,这对学生的要求是比较高的,这时可以布置这样的分层作业:根据器材完成实验:1. 用天平、量筒、水、石块、细线,如何测量石块的密度?这道题是测量密度的一般方法,一般情况下,学生都能轻松做出来。2. 用弹簧测力计、水、石块、细线,测量石块的密度。很明显对比上一道题,这道题中少了可以直接测量石块体积的量筒,学生需要进一步思考石块的体积如何测量。3. 用弹簧测力计、水、石块、细线、盐水测量盐水的密度。这一小题比以上两题多了盐水,要测量盐水的密度,借用石块在水中和在盐水中所受浮力及公式的变形方可解决,需要思考的内容和运用的知识都较多。

实践证明,分层设计作业的做法找到了因材施教与大班教学的最佳结合点,满足了不同层次学生发展的需求,又兼顾了老师的精力,教学效果较好。这样,作业不仅延伸了课堂训练目标,激发了学生探索欲望,扩大了视野,更重要的是做作业不再成为负担。

(三) 实践性作业提升趣味

初中物理教学要贴近学生的生活,要联系生产和生活实际,让学生体会到物理知识是有用的、有价值的,从而提高学生学习物理的积极性。新课程明确提出:"从生活走向物理,从物理走向社会。"这就是说,教师应结合教材布置一些容易引起学习兴趣又有助于能力培养的探究性作业。例如在学习《声音的传播》这节课时,我给学生布置了一个课后小实验,利用两个一次性纸杯和细绳连接模拟电话,并写出实验报告,学生可以自己找伙伴共同完成。在讲完"浮力"之后,我会鼓励学生自己用塑料瓶、小木块、弹簧测力计模拟"曹冲称象"的故事,让我们的学生也做一做东汉的才子。学了"电能"后有一种类型的题目是有关家庭用电的计算,学生在完成了这种题目后,向我提出"装分时电表究竟能不能减少家庭的电费支出呢",我抓住这个机会,组织学生进行探究,为学生创设了一个能力提高和展示的舞台。学生通过课堂知识的应用、日常生活的调查与分析,得出了调查报告"分时电表的利与弊"。学了"惯性"后,可布置学生调查学校附近街道的交通安全设施,写一篇题为"遵守交通规则,避免交通事故"的短文,这类作业,学生感兴趣,就会自主思考,自主探究。这些实践性的作业有效地锻炼了学生应用物理知识的能力,同时也提高了他们对于物理的兴趣。

初中学生,由于已初步掌握了各门学科的基础知识,有了如何运用所学知识去解决学习、生活实际问题的尝试经历。因此,物理作业的设计应顺应学生的认知规律,多趋向于实践运用的题型训练,以达到"学以致用"的教学效果,满足学生的求学需要。

上海市二期课改以学生发展为本,运用基础型、扩展型、研究型三类课程提供更有效的教学帮助学生学习知识技能,感受过程方法,最终促使他们建立正确积极的价值观。二期课改的教学理念最终要落实在教学的各个环节上,只有教师先更新教学观念改进教学方式,提升物理教学的趣味性,充分地发挥学生在物理学习过程中的积极性和主观能动性,才能使学生积极地参与到物理教学活动中,主动学习物理知识,在学习中感受到物理这门课程的魅力所在。

课程设计　生活中的物理

一、课程背景

生活是许多自然规律、社会知识的本源，而知识规律的作用就在于其来源于生活而又作用于生活，进而改变生活。物理作为一门自然科学在这一方面显得尤为重要。物理规律现象可以说处处贯穿于我们的生活中。而长期以来传统教学中关于物理知识的传授都忽略了生活这一环节，以致许多人认为物理学而无用，因而对生活中的物理现象也就理所当然地视而不见了，从而造成了实际生活与书本知识的脱离，以及探索精神的匮乏。

二、课程目标

1. 使学生带着物理的眼光走进生活，激励同学们认真研究生活，并在研究过程中积累知识，拓展视野，形成务实的探索精神。
2. 通过提供信息资源，创设情境，进行课堂教学及课后活动，引导学生认识物理与生活的关系，培养学习兴趣。
3. 掌握探究问题的方法，学会素材收集整理，学会原理分析，提高处理信息的能力和解决问题的能力。

三、课程内容

本课程一共十四个课时。第一课时：从《枫桥夜泊》谈声音的传播。第二课时：

超声波的奥妙。第三课时：次声波的奥妙。第四课时：噪音污染。第五课时：声知识的应用。第六课时：从海市蜃楼谈光学应用。第七课时：我们为什么能看见东西。第八课时：看照片的艺术。第九课时：天气谚语中的光学现象。第十课时：运动快慢的比较。第十一课时：体育中的物理力学。第十二课时：拔河只是比力气大小吗？第十三课时：平衡中的力学现象。第十四课时：汽车安全气囊系统组成及其工作原理。

四、课程实施

本课程每周一课时，由选修课教师担任指导教师。主要采用合作法、演示法、实验法等。面向全体学生，自主报名、分组教学、个别指导。内容与活动、课堂与课外相结合，与学生的生活相联系，在生活中培养他们的物理知识。

1. 合作法。以小组合作的方式，完成课堂任务。确定组长，明确小组成员的分工，以小组为单位形成研究报告。

2. 演示法。既可以是教师演示，也可以是学生演示，从而调动学生学习物理的兴趣，让学生自觉自愿地参与到课堂知识的讲授和学习中来。

3. 实验法。教师根据教学内容准备或改进实验器材，提高物理知识的趣味性和增强学生对知识的探索性。

五、课程评价

根据本校本课程的特点，其评价应特别注重学生的修习过程的评价，对学生采用激励性评价方式，注重学生主体参与实践的过程及在这一过程中所表现出来的积极性、合作性、操作能力和创新意识。过程评价与结果评价相结合，关注学生的个体发展，尊重和体现学生的学习能力。以促进实现自身价值为最终目标。我们主要采用自我评价、教师评价、活动评价三种评价方式，根据学生的参与程度、课堂发言、作业情况及活动记录给予相应的学分评价,一共分为四个等级:A(10分)、B(8分及以上)、C(6分及以上)、D(6分以下)。

(撰稿者:孙爱华)

第五章

课程即多彩世界

青春是快乐而灿烂的,享受学习是青春的一部分。教育绝不能给孩子们带去苦恼和压抑,更不能给孩子们带去厌恶学习的种子,这将是一生的灾难。我们要用青春的眼睛去看,用青春的心去想,用青春的情去琢磨,怀着对生命的美好憧憬去理解,如此才能勾画出多彩的世界,酝酿出最好的想法,塑造出最美好的心灵。"境非独谓景物也。喜怒哀乐,亦人心中之一境界。"让我们以"美"为境界,以"思"为核心,以"情"为纽带,以"活动"为途径,以"世界"为源泉,让孩子们自由生长!

多彩物理：情景交融的瑰丽世界

课程主张　物理也可以诗情画意

"多彩物理"课堂，是把课堂放开，让学生动起来，让物理课"活"起来，学生不再是接受的"容器"，而是可以点燃的"火把"；"多彩物理"课堂，不是教师的独秀，而是师生的交流与合作；"多彩物理"课堂，不再过于重视知识的传递，而是注重学生学习素养的养成与提升。

一、实验创设情境，绘出知识的色彩

俄国教育学家乌申斯基说过："没有丝毫兴趣的强制性学习，将会扼杀学生探求真理的欲望。"物理是一门以实验为基础的学科，许多物理概念、物理规律可以通过实验归纳得出，实验能给学生一个直观形象的认识，易于吸引学生的注意力，提高学生对新课的兴趣。

在研究影响压力作用效果的因素时，我设计了以下两组实验：一组学生用拇指和食指分别用力压住铅笔的两端，"手指有什么样的感觉？""两个手指的感觉相同吗？"另一组学生一只手掌平压在气球上，另一只手的食指顶住气球，"看看气球发生什么变化"，"手掌和指尖的感觉相同吗"。学生动手体验的过程能帮助他们更好地去理解压力作用效果的影响因素，在体验中得到结论的印象是极其深刻的，感性的认识能促进理性的理解和掌握。在学习定滑轮时，学生用定滑轮匀速提升钩码，发现测力计竖直

向下拉钩码时,测力计的示数大小等于钩码的重力大小,"如果改变拉力的方向,测力计的示数大小会不会有变化？怎样变化？"大家兴致勃勃地安装好滑轮和钩码,使用测力计沿着竖直向下、斜着向下、水平向左、水平向右等不同的方向将同一钩码匀速提升起来,发现不管沿着哪个方向用力,测力计上指针的位置丝毫不变,那意味着使用定滑轮不能省力,但可以改变用力的方向,大家在实验的过程中理解了定滑轮的使用特点。

在学习二力合成时,我在黑板前挂了一只健身拉力器,先请甲同学上来拉弹簧的下端把手,要求拉到黑板上划线的位置,他费了很大的力气却没能拉动。我再请乙同学上前,甲、乙两人共同用力把弹簧拉到了划线位置,最后我请了丙同学上讲台,他一下子把弹簧拉到了指定位置。学生纷纷赞叹丙同学真厉害,一个人的力气就抵上了前两名同学的力气。此时,我引导学生思考:"把弹簧拉到划线位置,他所施的力与前两名同学共同施力的作用效果是不是相同的？物理学上为此引入了哪个物理量？"学生顺利地了解了合力和分力的概念,还知道了"等效替代法"这种科学研究方法。

即使是刚学物理的学生,头脑中对物理问题的了解也不是空白的,往往早已印上了千奇百怪的东西。这些"前科学概念"中包含了理解和误解。这时就需要教师精心设计相关实验,引导学生进行观察、分析、比较,透过种种非本质的表象,看清事物的实质。如在平面镜成像实验中,不少学生有着根深蒂固的想法——人离平面镜越远,像就变小;人离平面镜越近,像就变大。这显然与书上描述的平面镜成像规律是相互矛盾的,但他们相信"眼见为实"。如何去除学生头脑中的"前科学概念"？我启发学生选用两支相同大小的蜡烛,多次改变蜡烛到平面镜的距离并比较像和物体的大小。学生们发现像的大小与物体到平面镜的距离无关,只和物体的大小有关。然后我和他们一起回忆学过的课文《两小儿辩日》,想想那两个小孩的争论,连孔子也不能判断谁对谁错,可是我们学习了物理知识后,就能明白为什么太阳在早上看上去很大,中午很小,原来是视觉引起的错觉。

物理实验是物理学研究的重要手段,它可以鲜明、直观地反映特定的物理现象。对学生来说,这些实验基本上都是第一次见到,所以都是新奇刺激的。新奇的事物可以高效、暂时吸引学生的注意,然后教师合理地从中提出问题供学生思考,引发学生认知冲突,形成认知需要,使学生更快融入课堂,提高学生参与课堂教学的积极性。

二、故事创设情境,染出理解的纹理

中学物理的很多知识都比较抽象,对于学生来说,这些内容的记忆和理解都是比较困难的。课堂上,教师可以用形象生动的语言描述历史故事,让学生进入特定的人文情境去领会研究物理的方法和思路。

在学习"机械运动"时,我讲了一个小故事:在第一次世界大战时,一名法国飞行员在2 000米高空飞行时发现脸旁有一个小东西在游动,他以为是一只小昆虫,敏捷地把它一把抓过来,结果抓到的竟是一颗高速飞行的德军子弹,"这名飞行员怎么会有这么大的本领?他若站在地面上,还能不能顺利抓住一颗飞行的子弹?"学生们迫切地想知道其中的缘故,好让自己也能练就"抓子弹"的本领。教师应该让学生带着寻找答案的愿望投入到新课的学习,达到事半功倍的效果!在学习"磁现象"时,我介绍了我国古代北魏《水经注》等书中提到了秦始皇曾用天然磁石建造阿房宫的北阀门,"这种相传最早的安全检查门为什么要这样设计?""它能切实有效地保护宫内物品安全吗?""如果是现在,这种设置还有价值吗?"一连串的问题营造了积极思考的课堂气氛,使学生产生了强烈的学习愿望。在学习"动能和势能"时,我讲到"鸟儿一直是航空公司的心腹大患,庞大的飞机很惧怕飞鸟的撞击,轻则飞机损坏,重则机毁人亡,所以机场想了很多办法来驱赶聚集在跑道周围的各种飞鸟。为什么小小的鸟儿具有那么大的能量呢?"这样让学生带着好奇心和想进一步弄清问题的愿望,把积极学习的潜力调动起来,经过学习和探索,自然能提高对物理概念、物理规律的理解和掌握,从而取得良好的学习成果。在学习"杠杆"时,我讲了古希腊著名科学家阿基米德的故事,他曾经怀着激动的心情写了一封信给叙拉古国王希伦,他在信中说:"如果给我一个支点,一根足够长的硬棒,我就能撬动整个地球。"好大的口气!"阿基米德真能撬起地球吗?他真有这么大的本领吗?他后来成功了吗?"这时学生急于知道答案,我及时地引入课题,带领学生进入有效的思维活动中。

一个生动有趣的故事,可以起到抛砖引玉的效果。学生一般都爱听故事,在物理的发展史中,妙趣横生的典故很多,教师根据教材内容的特点和需要,选择联系紧密的故事片断来介绍,可避免平铺直叙之弊,达到寓教于乐之效。

三、悬念创设情境,勾出兴趣的图景

古人云:"学起于思,思源于疑"。所谓"悬念",就是一些富有启发性、针对性的疑点,而一时又得不出答案,构成悬念。悬念的构成,使学生产生一种期待心理,一种强烈的学习兴趣,一种急切探究的欲望。

在学习"大气压强"时,我把一个剥去外壳的鸡蛋放在瓶口比鸡蛋小的集气瓶口,"你能不能把鸡蛋完整地推入瓶中?不能弄破鸡蛋哦",学生们本来想了很多办法,可就是囿于"完整,不能弄破鸡蛋"而想不出妥善的办法将鸡蛋推入瓶中。我将点燃的酒精棉花放入瓶中,再将鸡蛋轻轻放入瓶口,只见鸡蛋毫发无损地顺利滑入瓶中,平静的课堂一下子变得沸腾起来,他们简直不相信自己的眼睛,在学生们的强烈要求下,我拿起第二个鸡蛋再来一次,鸡蛋也同样顺顺利利地落入瓶中,这是怎么回事?谁在帮助鸡蛋那么顺利地滑入瓶中?被激发的强烈兴趣为本节课的学习创造了有利的条件。在学习"参照物"时,我播放了我国研制的战机在空中实现加油的视频:"在千米高空高速飞行的两架飞机怎样才能实现一架加油、一架受油呢?""你觉得这其中包含着哪些物理知识呢?"学生的好奇心和求知欲就这样被激发起来,自然过渡到参照物的学习中。学习"压强"时,我请一名学生走上讲台,用手掌握住鸡蛋,把鸡蛋捏碎,学生纷纷觉得这太容易了,可结果,那名学生没能把鸡蛋捏碎,大家都嫌那名同学的力气太小;班级中公认力气最大的同学很不服气地上来捏鸡蛋,可是,不管他怎么使劲,这鸡蛋就是不碎。平时的鸡蛋那么容易碎,怎么今天这个鸡蛋就那么"坚硬"呢?学生的好奇心就很容易被激发起来了,我及时引入新课,课堂教学达到了良好的效果。

教师可以有针对性地向学生介绍一些大自然中有趣的物理现象,把满足学生好奇心的过程变为学生渴求知识的过程。在"浮力"一节的教学中,我设计了一个实验——

在水槽中放入一块泡沫塑料和一根铁丝,引导学生仔细观察现象,并结合自己的生活经验回答教师的问题。我的问题是:"为什么体积庞大的泡沫塑料浮在水面上,而细小的铁丝在水中却是下沉的?""万吨钢铁制造的轮船,为什么却能劈波斩浪行驶在江河海水中?""下沉的铁丝有没有受到浮力?浮力大小与什么因素有关?是物体密度还是液体密度?"一个个问题激发了学生的好奇心和强烈的求知欲,他们急切地想知道是什么原因造成的,因此进入了有效的思维活动中。

亚里士多德曾说过:"思维是从疑问和惊奇开始的。"有了疑问,才能深入地思考,才能提出发人深省的问题。教师在教学时应设计出符合学生实际、未知的问题情境,让学生产生迫切的求知冲动,求知欲一旦被唤起,学生就会全身心地投入并产生极大的学习热情,感觉到学习不是一种负担,而是一种需求、一种倾诉、一种交流、一种享受,这样才能真正发挥学生的创造性。

四、生活创设情境,绘制知识的底色

从生活走向物理,从物理走向社会。很多司空见惯的平常现象包含着物理知识,如果从中撷取一些场景来创设情境,必然会激发学生的求知欲。学习"摩擦力"时,我让学生思考:"写了错字为什么用橡皮擦一擦就能擦掉呢?""抬起脚来看看鞋底的花纹,琢磨琢磨自行车把手上的花纹、轮胎上的花纹,这么多花纹是为了美观吗?如果没有这些花纹,行不行?"学习"惯性"时,让学生回忆坐汽车时:"为什么司机和前排乘客一定要佩带好安全带?""为什么对行驶车辆有限载、限速要求呢?""这些现象包含哪些物理知识呢?"用学生生活中熟悉的事例来导入,能使学生产生一种亲切感,起到触类旁通的作用。为了知道结论,学生们会全神贯注地投入到新课的学习中去。在研究"杠杆平衡条件"的实验中,通过回忆玩跷跷板的经历,我进行一系列提问:"为什么小时候和爸爸一起玩,你坐在边上,而你爸爸的位置却靠近中间?""你和你爸爸的位置互换一下可以吗?""你有没有碰到过有时候你那里的板高高翘起,你双脚悬空,下不来?"这样的设计调动了学生的积极性,他们努力回忆,积极思考,顺利地设计出实验方案,再进行实验,得到了正确完整的实验结论,这样的答案令人印象深刻。在学习"机械功"时,生活中的"工"与物理学中的"功"含义是不同的,在学生已有的经验中,他们认为"有力作用在物体上,这个力一定对物体做功"。为了在教学中突破学生在日常生活中对"功"的理解,我请三名学生提起椅子,甲将椅子匀速举起;乙提着椅子静止不动;丙提着椅子在教室里来回走了一段很长的距离。问三名学生:"累不累?费力吗?""很累,费力的""你对椅子有力的作用吗?""有的""那椅子在力的作用下移动距离了吗?""只有甲的椅子在力的方向上移动了距离",因此根据机械功的定义,只有甲对椅子做了机械功,乙丙两人虽然很累、手很酸,但是没有对椅子做机械功。我再让学生辨析,平时送水师傅将一桶水拎到底楼和拎到三楼,从物理学角度分析有什么区别?通过比较,引发学生头脑中的正确认知,消除错误概念的干扰,把"功"纳入自己的认知结构中,建立科学的概念。

爱因斯坦说:"兴趣是最好的老师",美国心理学家布鲁纳认为:"学习的最好动机,乃是对所学教材本身的兴趣。"我们在平时的教学中应根据具体的教学内容,精心构思,巧妙设计,合理选择导入方法,充分调动学生的主观能动性,使他们爱学、乐学、会学,从而起到激发学生学习兴趣的目的,让学生尽快地融入课堂,不断提高课堂教学效果。教师要适应学生的引导者、促进者和合作者的角色,营造一种形式多样、生动活泼的物理学习课堂氛围,创设一种充满激情活力的学习环境,使学生能在情绪高涨、情趣盎然的状态下自主地参与到课堂教学活动中去!

课程设计　物理实验

一、课程背景

物理学是一门以实验为基础的学科,物理学的实验基础、理论体系和研究方法是现代科学和技术的基础。中学物理课程是以观察和实验为基础，以物理现象、物理概念和规律、物理过程和方法为载体，以科学探究为主线，以提高全体学生科学素养为基本目标的基础性自然科学课程。物理实验是物理学的基础，也是物理教学的重要内容，物理实验对于培养学生的观察能力，思维分析能力，动手能力和归纳、应用、创造能力具有重要作用。演示实验能展现物理过程，示范实验技能，体现物理思想。学生参与实验则是学生自主探究、获取和应用知识，提高科学素养和科学能力的重要途径。

教师要根据《新版课程标准解析与教学指导：初中物理》的要求实施实验教学，以学生发展为本，一般给出设计和组织探究活动的建议，引导学生有一定依据地猜想与假设，倡导物理学习的自主性、探究性和合作性。教师要给学生的探究活动留出足够的时间和空间，让学生主动参与学习，体验和感悟科学探究的过程和方法，激发他们持久的学习兴趣和求知欲望，并在探究过程中培养自主学习的能力，逐步实现学习方式的转变，培养学生敢于质疑、善于交流、乐于合作，勇于实践的科学态度。

二、课程目标

1. 能测量一些基本的物理量，会记录实验数据，知道简单的数据处理方法，会写简单的实验报告，会利用简单图表等描述实验结果。

2. 能有目的地观察物理现象，经历观察物理现象的过程，简单描述所观察物理现象的主要特征，有初步的观察能力和发现问题的能力。

3. 实验中归纳简单的科学规律，尝试应用科学规律去解释某些具体问题，有初步的分析概括能力，会写简单的实验报告。

三、课程内容

根据知识结构，我把课程内容分为八类。杠杆类：探究三类杠杆特点及杠杆平衡的条件。滑轮类：探究定滑轮、动滑轮使用特点及滑轮组的特点，体验对比研究问题的方法，培养学生分析、比较、归纳实验数据并得出规律的能力。斜面：了解什么是斜面，知道斜面的作用，找出生活中应用斜面的例子来体会物理来源于生活又高于生活的本质。能量：探究动能和势能的转化，举例说明动能和势能的转化，培养学生理论联系实际的习惯和能力。物质类：探究物体质量与体积的关系及"测定物质密度"与"探究物质质量与体积关系"实验的比较，通过对两个实验的回顾，从实验器材、实验目的、实验过程和实验结论上分析两个实验的相同点和不同点，对两个实验有较清楚的认识和掌握。运动类：感悟实验的方法，同时掌握二力平衡的条件，并运用知识点对问题进行分析。热量：通过实验学会正确使用温度计，培养学生有目的地观察物理现象、记录数据的习惯和能力。电路：知道串联电路、并联电路的特点，会连接电路，会画简单的电路图，在动手实验、实际操作的过程中，分析归纳串、并联电路的特点，从而学习识别串并联电路的方法，能联系生活中的串并联电路，体会科学知识在实际生活中的应用及其价值。

四、课程实施

每周一节课，共12节课。对课本上所有的演示、分组实验都做到精心准备，预先试做，精心设计实验步骤和教学方法。对少数实验进行改进和补充，确保教师在课堂上实验的成功率。做好实验准备，实验前使学生明确实验目的、实验原理和对观察的要求。实验过程中，教师做到操作规范、熟练、形象、鲜明、安全。配备足够的教具、学具，以满足学生探究活动的需要，增加学生动手操练的机会。学生学习时，分三步走，每个主题设置了"学着做"、"自主做"、"合作做"三个层次的探究活动。

1. 学着做：加强课堂演示实验，充分利用实验，从视觉上培养学生实验操作技能，这样可以把实验贯穿于课堂教学中，从而培养学生的实验能力。

2. 自主做：在教师演示的基础上，为了增强学生的动手能力，加强记忆，将学生进行分组，在分组实验中，以学生为主体，充分培养学生的动手操作能力和观察能力。

3. 合作做：加强课外活动和对比实验，掌握实验操作技能，让学生在交流讨论和合作探究中收获知识。

五、课程评价

本课程的过程性评价主要采用每月的基本常规形式的评选活动，以学期末检测、专项考核为主的结果性评价。通过这个循序渐进的评价过程，我们可以了解学生的心理、情感的问题，及时提供帮助。同时，在评价过程中，教师必须重视和尊重学生的观点，尽可能地从正面去鼓励，给予学生肯定和赞赏。具体的评价方法如下：

（一）过程性评价

对学生的评价分别从"参与态度、收集数据、归纳结论，交流合作"四方面进行综合测评。

班 级	姓 名	参与态度	收集数据	归纳结论	交流合作

（二）等第性评价

考评按照自评、互评和指导教师评价相结合的原则进行，最后形成综合评定等级。其中，自评权重为20%，互评权重为30%，指导教师评价权重为50%。学生评价等级分为优、良、合格与不合格四级。80分及以上为优秀，70—79分为良好，60—69分为合格，60分以下为不合格。

板　块	班　级	姓　名	等　级
自评			
互评			
指导教师评价			
总评 (优、良、合格、不合格)			

（撰稿者：赵　静）

活力化学：情丝交织的学习旅程

课程主张　激活学生学习兴趣

"活力化学"以"学生发展为本"，遵循学生的认知规律，培养学生的科学思维能力，让化学课堂充满活力和生命力，激活学生的学习兴趣，使学生在课堂上敏于观察、乐于思考、巧于动手、善于应用。

一、设景育情，唤起学生的求知热情

情境教学是创造欢乐、高效教学的有效方法。简单重复的教学方法枯燥无味，导致的结果往往是学生在课上注意力分散，纪律散漫。对于注意力不集中的学生，教师可用兴趣将他们拉回，而情境创设是培养学生学习兴趣、唤起学生求知欲、激发学生学习主动性、增加课堂活力的重要途径。教师应从学生实际能力出发，创设科学的教学情境。

（一）创设生活情境，激发学习兴趣

兴趣是最好的老师，许多学生之所以能够取得优异的化学成绩，是由于他们对化学学科有浓厚的兴趣。而兴趣来源于生活，教学也应该建立在广阔的生活背景和丰富的生活经验之上。对于初中化学教师而言，应时刻留心生活中的化学，积极将生活中的化学素材引入课堂教学中，只有让学生意识到在化学生活中无处不在，生活离不开化学，才能让学生更加积极地投入到化学学习中。

在教学《物质的提纯》一节中，提纯的方法有过滤、蒸发、蒸馏，如果单从概念出发解释这三种方法非常生硬，而且学生对这些概念非常陌生，容易混淆。我设计了如下情境：假如我们都是海边的居民，以开设小作坊制盐为生，我们应该怎样才能把海水中的盐提取出来呢？学生仿佛置身海边，踊跃思考，教室里充满讨论和疑惑。学生回答用纱布把沙子滤掉，再放太阳底下把水晒干就制得粗盐。进而教师总结把沙子滤掉的过程叫做过滤，把水晒干的过程叫做蒸发。在此基础上，教师可以继续追问："你能举出一些生活中过滤和蒸发的例子吗？"学生纷纷思考，生活的细节不断涌现在眼前，在学生进入课堂的学习氛围之后，教师可以实施物质的提纯相关教学了。

(二) 创设化学史情境，唤起探究欲望

著名化学家傅鹰说："化学给人以知识，化学史给人以智慧。"化学史教育可以让学生更深刻地理解化学知识，培养学生严谨求实、勇于探索的科学态度。在课堂教学中将化学史作为情景素材，可以为学生提供真实的学习情境，营造生动有趣的化学文化氛围，激发学生探究未知的欲望。

在讲到浓硫酸、浓盐酸的化学性质时，可以提到由它们配制的王水，教师可创设如下化学史情境：劳厄和弗兰克曾获1914年和1925年的物理学奖，德国纳粹政府要没收他们的奖牌，他们辗转来到丹麦，请求丹麦同行、1922年物理学奖得主玻尔帮忙保存奖牌。1940年，纳粹德国占领丹麦。同在实验室工作的匈牙利化学家赫维西让他把纯金奖牌放入"王水"中，纯金奖牌便溶解了。这一举措果然躲过了纳粹士兵的搜查。战争结束后，溶液瓶里的黄金又通过化学手段重新还原，按当年的模子重新铸造，于1949年完璧归赵。教师提问："为什么玻尔能够躲过士兵的搜查？""你知道'王水'的主要成分是什么吗？"这样的情景创设能够让学生感受到化学的神奇，引发学生的好奇心，进而在学习浓盐酸和浓硫酸的性质时更加用心。

化学史情境创设的重要性不言而喻，那么如何将化学史情境巧妙地应用到课堂教

学中,为课堂教学增色呢？在设计《用微粒的观点认识物质》这一课中,上海市毓秀学校王雪晴老师为帮助学生克服认识微观世界的障碍,用"黑箱实验"引出化学史,引导学生去认识微观世界。"黑箱问题"是人们对客观世界存在的某种未知系统的形象比喻,由于人们看不到黑箱里面的情景,于是有人为了解释黑箱里面反映出的一些特有现象去猜想内部情景,解释通了这种猜想就有可能会被人接受和认可。微观世界就像是一个"黑箱"使人看不见,摸不着,与探究"黑箱问题"类似,人类建立微观认识亦是"假设猜想——方法论证——科学结论"的过程。借助"黑箱实验"方法论,结合化学史视频,引导学生去认识微观世界,使学生从内心真正接受它们,而不是简单地被告知和记忆的过程。

总之,化学情境教学策略是能显著提高学生学习热情的有效策略。作为初中化学教师,我们必须不断收集各种情境素材,根据学生实际恰当地应用到课堂教学中,并在实践教学中总结反思,创新情境创设模式,给学生带去更多、更有效的教学情境。

二、利用实验,激发学生乐学内驱力

化学是一门试验性学科,化学试验中产生的现象,如颜色的变化、气体的产生、沉淀的生成等都能激发学生内心深处强烈的探知欲望。实验虽然会增加教学成本,包括教师课前实验准备、占用课堂教学时间等,也增加了课堂管理的难度,但是可以产生许多教学附加值,如提高化学学习兴趣、感受化学学科思维和方法等。教育学家第斯多惠说:"教学的艺术不在于传授的本领,而在于激励、唤醒和鼓舞。"教师应利用实验吸引学生,激发学生学习的内动力,提高学生的动手能力,增强课堂教学的活力。在"不怕火烧的手帕"这个实验中,我先请学生猜测实验结果,看着手帕剧烈燃烧,但火熄灭后,手帕完好无损。这是因为酒精的着火点低,燃烧时烧的是酒精,水的着火点比酒精高,不能燃烧。当酒精快要烧完时,手帕上的水蒸发还不是很多,还有大量的水存着,所以手帕就烧不着了。

通过实验的实施,教师给学生创设了快乐、愉悦的课堂氛围,学生在实验过程中动手动脑筋,不断思考,不断提高。可见,化学实验是化学学科的重要内容,教师应在教学过程中对化学实验进行进一步的探索和实践,用实验的魅力吸引学生,提高学生学习的积极性,加深学生对化学知识的理解,提高学生的化学素养。

三、鼓励质疑,激活学生思维

化学课堂是多向互动的过程,既包括教师与学生互动,也包括学生与学生互动,在互动的过程中生成问题,而产生问题的课堂才是有活力的课堂。问题意识和质疑精神历来被中外教育学家重视和提倡。亚里士多德曾说:"思维从疑问和惊奇开始。"质疑可以打破学生原有的思维平衡状态,使思维更加活跃,从而激发学生探索新知识的欲望。质疑是学生自主学习、主动思考的结果,同样地,在疑问的驱使下,学生会主动产生学习的意愿并思考问题的答案。

(一)营造质疑氛围,唤起质疑意识

在教学中,教师为学生营造一个良好的质疑氛围来调动学生思考问题的积极性,鼓励学生多问为什么,使学生成为学习的主体。但是由于学生所学知识有限,学生可能在刚开始不愿提问或提的问题不在点上,这就需要教师发挥引导作用,采取多种措施为学生的质疑铺路搭桥。

创设激趣情境,引发学生质疑。教师可以通过让学生观赏视频,创设激趣情境,启发学生质疑,引出教学内容。在讲到碳酸钙的化学性质时,教师可以给学生观看自然界岩石风化、溶洞、钟乳石的视频。通过视频的播放,学生被千姿百态的岩石风光吸引。教师引导"通过这个视频你知道了什么?"学生议论纷纷,大多数学生都能说出视频中岩石会消失,岩石会溶解形成溶洞,水里会产生钟乳石。岩石风化、溶洞、钟乳石的形成都是岩石的主要成分碳酸钙发生化学变化引起的,这些是学生未知的知识,也是本节课要学习的新课内容。学生就会向教师提出问题:"为什么岩石会消失,溶洞和钟乳石又是怎么形成的?""怎么用实验来证明呢?"这样便调动了学

生的学习兴趣，唤起学生探求新知的欲望，为接下来的碳酸钙化学性质的学习做好铺垫。

（二）创设问题冲突，在思考中质疑

教师可以在学生原有认识的基础上，引入新的问题，打破学生暂时的认识平衡，引发学生思考，使学生产生强烈的问题意识。例如在"化学变化中的质量关系"中，质量守恒定律是初中化学的一项重要内容。在构建质量守恒定律的概念时，教师可设置如下问题："蜡烛燃烧后只剩余烬，在化学变化中质量变小了吗？铁生锈后变红，质量增大，在化学变化中物质的质量变大了吗？"面对这样的问题，学生可能会讲出三种不同的答案，在化学变化前后，物质的质量增大、减小、不变。其实，在前面的化学学习过程中，学生已经接触了较多的化学反应，对化学反应前后物质的种类发生改变，原子的种类和个数，元素的种类等有了了解，但是对化学反应前后质量的变化情况并未了解。按照已有知识推断，学生能够理解化学反应前后物质的总质量是不变的，但还是无法解释那两个反应的质量为何会发生改变。这就引发学生向教师提问："为什么蜡烛会烧尽呢？""为什么铁生锈质量会增大呢？""为什么理论推断和实际不符呢？"这些问题把学生的思维带入更深的层次，整堂课就在问题的冲突和思维的碰撞中展现了新的高度。

讲到氢氧化钠和二氧化碳的反应时，教师提问："氢氧化钠与二氧化碳会发生反应吗？你如何判断氢氧化钠和二氧化碳有或没有发生反应呢？"面对这样的问题学生可能会回答："滴加无色酚酞，看其变色情况，或看有无沉淀、气泡等产生。"学生在第一章的学习中就知道化学变化会伴随着化学现象的产生，我们可以根据化学变化过程中观察到的化学现象（如沉淀、气泡、放出热量等）来判断化学变化是否发生。但是化学变化的发生不一定伴随着明显的化学现象，这就需要添加不与反应物作用的其他试剂来鉴别，比如盐酸和氢氧化钠的反应，就可以借助无色酚酞试液的变色情况来判断溶液中酸碱性的变化，从而判断反应是否发生，或通过其他技术手段，如装置的改装等。学生根据已有的知识推断能够想出一些方法，但是将这些方法具体操作后，如氢氧化钠与二氧化碳混合并无沉淀也无气泡产生；而滴加酚酞试液，氢氧化钠使酚酞试液变红色，氢氧化钠与二氧化碳反应后的产物碳酸钠也使酚酞试液变红色，所以酚酞试液一直是红色的，学生就误以为氢氧化钠与二氧化碳不发生反应。这样就会引发学生提问："该用什么方法来判断氢氧化钠与二氧化碳发生了反应？我们要如何巧妙地选择方法来判断反应是否发生？"

"活力化学"课堂是以学生发展为根本，充满活力和生命力的课堂。它可以在学生精神不振时让他们振作；在学生苦思冥想不得其解时给予启迪。让学生在争论中碰撞出思维的火花，更好地培养学生的求异思维。同时，它有利于形成积极、活跃、民主的课堂气氛，提高化学教学效率，体现化学课堂的活力和生命色彩。

课程设计 活力化学

适合年级：九年级

一、课程背景

化学是一门生活性、实践性、历史性很强的学科。学习化学不能仅仅靠老师讲解书本上抽象难懂的理论知识，而且需要学生用化学的眼光去发现生活中的化学现象，用化学知识去解释现象背后的本质原因，逐渐形成化学的思维方式。

初三学生学习化学的常用模式是通过"讲记背练"、"精讲多练"的强化训练，将学生限定在习题中，强调学习效率和成果，忽视学生建构知识的过程。这种教学方式在一定程度上抑制了学生的学习兴趣，学生自主探究、分析解决问题的能力以及合作交流的能力无法得到很好的锻炼。初三学生面临繁重的学业任务和升学压力，加上传统教学模式下的化学课堂沉闷无趣，导致学生在课堂上无精打采、有气无力，学习效率低下。

现如今课程改革已经进入"核心素养时代"，我国推进核心素养的进程目前还处于起步阶段，但这个概念已经成为新一轮改革的方向。初中是化学的启蒙教育阶段，也是化学学科培养核心素养的关键时期。初中化学学习的知识是有限的，但是在化学知识学习过程中形成的化学思想和科学态度是伴随着个体终身发展的。而这些化学思维和科学态度不是一蹴而就的，而是在每一次课堂教学和实践中，在每一次思维碰撞中，在每一次学生的课堂体悟中逐渐形成的。学生主动参与、主动思考、主动探索的课堂就是充满活力的化学课堂，本课程的开发遵循学生的认知规律，将化学学习与生活实践、化学实验以及人文历史相结合，探索合适的课堂教学方式，让化学课堂充满活力和生命力，从而激发学生的学习兴趣，使学生在课堂上敏于观察、乐于思考、巧于动手、善于应用。

二、课程目标

1. 将化学知识与日常生活构建联系，让学生感受学习化学是有趣的、有用的、可触摸的，激发学生的学习兴趣和探究意识，提高化学学习的主动性。

2. 通过利用实验来解决心中的困惑，体验化学探究的一般过程，培养学生相互合作、团结互助、表达交流的能力。

3. 利用一些化学史小故事，感受科学家坚持不懈、艰苦钻研的科研精神，培养学生不怕吃苦的科学品质和勇于钻研的科学态度。

三、课程内容

本课程共八讲。第一讲：初识化学之化学与生活（2课时），衣食住行与化学的关系，涉及厨房中的化学、洗涤用品、化学与人体健康等。第二讲：走进化学之什么是化学(2课时),共分为化学的研究对象,化学的研究内容,理解化学研究三个方面。第三讲:走进化学之化学实验室(2课时),认识化学仪器,知道仪器的规范操作,并练习操作方法,以及药品的正确取用方法。第四讲:化学初体验之实验探究(1课时),实验探究的基本步骤、方法和实验报告的书写。第五讲:实验探究1 海水中提取精盐(3课时),具体内容涉及过滤、蒸发、蒸馏三种物质提纯的方法和操作;查询资料了解海水中所含的物质,明确需要去除的杂质;利用所学知识设计实验方案;探讨确定实验方案并进行实验。第六讲:实验探究2 猪油变肥皂(2课时),包括肥皂的成分,肥皂的制作原理,所需要的原料,制作的步骤,设计实验方案进行实验操作。第七讲:实验探究3 植物中提取酸碱指示剂(3课时),具体包括溶液的酸碱性,探究紫色石蕊和无色酚酞在酸性溶液、碱性溶液和中性溶液中的变色情况;了解生活中的酸碱指示剂,设计实验方案提取紫甘蓝和玫瑰花瓣汁液作为指示剂;探究紫甘蓝和玫瑰花汁在酸性、碱性和中性溶液中的变色情况。第八讲:感悟化学史之我最喜欢的化学家(3课时),具体内容包括介绍一些化学家是主要事迹,小组合作讨论最喜欢的化学家及对自身的影响,并制作PPT展示。

四、课程实施

课时安排:每周1课时,共计18课时。采用自编教材、互联网、多媒体课件、音像资料、相关实验仪器和实验药品等多种手段。

1. 小组合作:让学生通过小组合作和个体学习完成生活中的化学课堂教学任务,小组之间可以互相学习,团结合作。

2. 实验探究:让学生自带生活中的物品进行实验探究,学习用化学手段探究生活的奥秘。

3. 自主创新:学生在实验的过程中,可以自主创新设计,可以对实验的装置进行改造,挖掘学生的潜能与创造能力。

五、课程评价

1. 教师评价

一级指标	分　　数	二级指标	分　　数
知识与技能	35	化学与生活	
		化学是什么	
		实验探究的要素	
		撰写实验报告	
过程与方法	40	探究过程的讨论	
		实验操作	
情感、态度和价值观	25	学习化学的兴趣	
		实验报告的完整性	

2. 组员互评

探究活动名称_____　　活动时间_____

活　动　过　程	一、资料查阅			
	实施过程			
活　动　评　价	整体表现水平			
	☆（优）	☆（良）	☆（合格）	☆（需努力）
帮助开展活动表现(活动中起到管理、组织作用、提供线路等表现)	10	8	6	4
参与每次活动情况 / 参与活动准时出席	10	8	6	4
活动中团结同学	10	8	6	4
外出听从安排	10	8	6	4
活动中对他人有礼貌	10	8	6	4

续　表

提供资料、文献情况	10	8	6	4
参与活动成果整理与展示情况	20	16	12	8
活动反思(10)				
组员评价(10)				
总　分				

3. 课程评价内容包括实践活动、展示情况(实验报告)以及点评和发言情况；评价方式包括教师评价和学生小组互评。

成　绩	实验报告(40%)	实践活动(40%)	点评和发言(20%)
优秀		85—100	
良好		70—84	
合格		60—69	
需努力		60以下	

（撰稿者：陈锦芳）

第六章

课程即深度参与

孩子是学习的主人并且有学习的主动性、潜在性和差异性，作为教师，要充分信任学生，把课堂还给学生。教师不仅要关心孩子学习后知道了什么，更要关心孩子在价值观念、思维方式、生活方式等方面发生了怎样的精神变化。教师要努力使孩子的经验世界从不同方面持续丰富，在此基础上促进其经验世界与以知识为典型的社会文化进行沟通和转化，并实现对这些文化知识个性化和创生性的占有，通过感知与理解、抽象与移情、感悟与升华、体验与反思等活动过程，生成新的意义。

快乐美术：一门可以玩的艺术

课程主张　"眼高手低"快乐至上

"快乐美术"并不是说让学生直接在课堂上嬉戏，而是指让学生能够拥有足够的空间，发挥想象，解放创造力，让学生在实践中亲身体验艺术的魅力，学会创造艺术，设计制作属于自己的艺术品，或者以活动的形式完成课后实践，而不只是完成老师布置的作业。

一、传承经典，多样教学

在美术的历史中有许多东西是经久不衰的，传承这些经典是美术老师必须要做的事情，美术课作为一门必修科目存在的意义之一就是培养学生的人文主义情怀。美术教师不仅仅是一个拥有专业技能的人，还是一个拥有专业人文知识的人，例如，在讲解文艺复兴艺术时教师需要了解其时代背景，并结合其他学科，如历史、地理等，全方位给学生讲授知识，而不是笼统的一带而过，让学生画一张作业了事。在实习期间，我选择了高中一年级的建筑课作为我的汇报课，对于讲解建筑知识，特别是中国传统建筑不能单从结构入手，一定要结合历史人文知识进行教学，否则就会变得专业性过强，学生觉得枯燥乏味。所以我以电影《末代皇帝》为切入点，讲解故宫建筑群，并进一步结合历史知识，给学生讲授中国建筑。在布置作业时我也充分考虑到"玩艺术"这一要素，让学生组队探访名胜建筑，或是以第一人称向同学讲述一段自己游玩名建筑的经历。

而在初中阶段可以用动手的方式让学生感受经典,比如讲授经典油画时,以角色扮演为作业,学生自己动手制作绘画作品中的道具、服饰,然后以小组的形式还原名画中人物的姿势、场景,亲身感受名画的魅力,而不局限于平面艺术,打破二维空间与三维空间的壁垒,让学生以活动的方式完成作品,做到"玩艺术"的境界。让教学手段丰富起来的方法有很多,除了传统的课堂教学外,还可以走出教室的束缚,开展校外教学,以艺术课《文化景观设计》为例,让学生空想是达不到效果的,最好就是能让学生漫步在真实的环境中,以"游玩"的形式结合课堂教学。

二、要"眼高手低"

可能在其他学科中,"眼高手低"不是一种好的状态,这个词本身也是用来形容要求的标准很高甚至是不切实际的却不动手去做。但是美术学科不同于其他学科,"眼高手低"是一种积极的状态,技能手法不高并没有什么不好,不可能人人都是大师,但是一定要提高学生的眼界,培养学生的品位,所以在课堂教学中使用的范画一定要是有极高艺术性和品位的作品。美术教学不只是为传承经典,更多的是为了培养学生的想象力和创造力,多让学生接触主流流行艺术,了解当今多样的艺术思潮,这样才能让学生跳出条条框框。这一点就和英语教学一样,只有多阅读才能丰富词汇量,比如在六年级《像与不像》的课件中多使用普适性强的、世界公认的名作,而且最好使用老师自己亲眼看过的艺术作品。因为只有真正看到过作品后才能有启发,我在举例说明时举了贾科梅蒂的雕塑作品,使用的图片都是暑假中在余德耀美术馆展出的实物照片,并且谈的都是我的切身感受,这样的课才能真实。也许现阶段的学生不可能真正理解贾科梅蒂的内心究竟是如何想的,其实也没有人能够做到,但看过大师的作品对学生来说就等于丰富了"词汇量"。现在的学生获得信息的能力远胜于过去,学生了解美术的途径中,课堂教学只占很小一部分,很多学生会自发参观美术馆,看各种各样的艺术展,如果老师的知识量无法满足学生的求知欲,学生就会失去对美术课的兴趣,所以美术老师应该提升自己的美术修养,多读、多看、多学并且运用到教学中。

三、使用多种多样的教学工具

去年十一月，我在上海市七宝中学观摩了一堂别开生面的美术课，虽然这堂课用标准化的眼光来看显然是不合格的，因为它完全不符合上海导入、新授、实践的要求，但是所有人都一致认为这是一堂好课。课题为"美丽的书"，当我拿到教案时我在心里想了一下，如果换做是我会怎么来上这堂课，无非也是来个导入，看一看有什么不一样的书，总结几大书本设计的规律，然后让学生实践操作。而这位老师上的课和我想的完全不同，最大的不同点在于教学中使用的范例都是实物图书，学生可以亲手摸到、翻阅这些书，学生可以亲身感受到这些风格迥异的书。在评课中我还得知这位老师教学的一大特色就是会在课堂上展示大部分的实物，让学生能够互动体验，一目了然地感受到老师所讲授的内容：比如讲解版画时就拿出艺术家雕刻的木板或是蚀刻板，讲解服装设计时就拿出相应的服饰，这样的课学生不可能不为之着迷。想让学生最大程度的对这门课产生兴趣，最好的方法就是能让学生亲身感受。虽然不可能做到提供所有的艺术品来满足学生亲身感受艺术的要求，但是我们可以用还原度极高的材料让学生感受艺术家创作时的感受。例如，在教授印象派油画时，不可能拿出莫奈的真迹来讲解印象派，但教师可以用专业油画工具以及风景图片让学生体验油画创作，而不是照本宣科，列出几个印象派的知识点像"追求自然"、"强调光线"等，学生在创作的过程中自然而然地能体会到老师总结的知识点。

一万个人心中有一万个哈姆雷特，不同的学生也有不同的视角，有不同的创作手法。以六年级绘本课为例，可以让不同的学生使用各自擅长的美术工具，用不同的表现形式来表达自己，可以运用创意涂鸦、插画设计或综合材料拼贴等技法。在此过程中，由于美术具有情意性、不确定性的学科特质，学生的想象能力、实践能力和创造能力可以得到有效激发，学生也可以在创作中体验不同的方法，激发学生的创造力和动手能力，不同的学生朝着各自不同的方向发展，让每一个学生都有一项在班级群体中引以为豪的本领，这是美术学科独一无二的作用。

作为美术教师，我们都期望学生拥有感受美、发现美和创造美的能力，因为我们都知道这种能力也许会让学生幸福一生。但是同时我也听见很多声音，大家不知道如何对学生进行艺术启蒙，更多的是把他们送往绘画班，但其实艺术启蒙并不如我们想像中的那么难。艺术并不是高高在上的，它其实是可以玩的，是融入生活的：窗前的一束花，墙壁上的挂画，餐桌上香气诱人的晚餐，房间里流动的音乐……想一想，它们是否带给我们美的感受？艺术体验，也并非我们所想的仅仅去博物馆中欣赏画展或是听一场音乐会，它是我们在生活中的综合体验，尤其是对学生们来说，他们的天性中就有想像美的能力，他们的感官比我们成人要敏感丰富得多，对于教师来说，给他们创造一个玩艺术的环境，也许能够更多地激发学生对艺术、对美的感受力。

课程设计　动漫艺术

一、课程背景

（一）动漫文化的流行

动漫艺术作为造型艺术的一门分支，一直受到学生的喜爱。动漫已经不再是只属于孩子的娱乐，其形式也不单纯以电视动画或漫画为主，而是通过各种各样的面貌呈现在人们眼前。如今的动漫艺术已经成为一门综合性的、多元的交叉学科，并广泛存在于世界范围内，成为全球文化的一部分，渗透到生活的各种领域。学校开设动漫艺术课程，在满足学生兴趣的同时，有利于培养学生的综合艺术能力。

（二）国家对动漫产业的扶持

2017年2月，文化部颁布了《文化部关于"十三五"时期文化发展改革规划》，其中最大的亮点是提出"加快发展动漫、游戏、创意设计、网络文化等新型文化业态……支持原创动漫创作生产和宣传推广,培育民族动漫创意和品牌,持续推动手机(移动终端)动漫等标准制定和推广",这表明了我国对动漫产业扶持的态度。

从"十三五"规划动漫产业的发展中不难看出,动漫产业已经被作为国家软实力提升、中华文化对外输出、提升国际文化影响力的核心产业之一,在政策支持与互联网平台快速发展的情况下,动漫产业或将迎来发展大爆发。在这样的政策指引下,中学开设动漫艺术课程的意义显得更加重要,动漫课程不仅能满足学生的个性需求,又能响应国家对动漫产业的政策,为我国动漫产业的发展储备人才。

(三) 中学动漫校本课程的开发

动漫艺术课程能给学生什么,它最大的意义和价值是什么?我认为,动漫课程最大的价值在于教会学生如何热爱自己喜欢的事物。学生热爱动漫,往往是盲目地去爱,这种盲目的爱导致了很多人完全沉浸在动漫中而忽略其他更重要的事物,不少"宅男宅女"因为热爱动漫而失去了社交、工作、生活等,进而出现一连串的社会问题。我希望每一个学生都能有梦想,并且都能收获美好的人生。

在中小学校开展动漫课程,首先要解决的是理念和技术的问题。我校拥有较好的设施条件,在本校开展动漫艺术教学是完全可行的,比如利用美术一体机、3D打印、专业教室等教学设施可以达到教学目标。

教师通过教学,能够引导学生全面地认识动漫,教会学生如何正确的去喜欢动漫,动漫中的绘图能提高学生的绘画能力,培养学生想象力和创造力;编写剧本能够提升学生的逻辑思维能力,把握时间和空间的概念;其他跨学科的教学能提升学生的动手能力,对音乐的感知能力,跨学科知识的运用能力、表演能力、团队协作能力等,对学生全面方面发展能够产生积极作用。

二、课程目标

1. 通过欣赏、自主探究以及实践创作,引导学生了解动漫艺术的形式,感受动漫艺术中传递的真善美。

2. 通过交流分享、小组合作以及社会考察，让学生学会运用综合学科能力进行创作，锻炼学生的社交、语言表达和团队协作的能力。

三、课程内容

（一）感受多元文化

动漫一词最初只是动画与漫画的综合体，其意义并不广泛，但是随着时代的发展，衍生出许多艺术形式。学生往往只是热爱动漫的某一种形式，知识结构比较单一，比如男生对动画、游戏以及模型抱有浓厚兴趣，对女生喜欢的角色扮演、舞台剧、广播剧或者小说等兴趣不大，甚至互相排斥，动漫文化是开阔宏博的，学生通过了解动漫的各种形式，感受多元文化的不同魅力，拥有开阔的眼界以及包容的胸怀。

（二）学会分享与感悟

分享感悟环节要求每一位学生分享自己喜爱的动漫，在课前搜集材料，制作多媒体课件和文字稿，锻炼学生的语言表达能力，同时也让其他同学感受到自己没有接触过的动漫文化。此环节还要求每一位学生写一份有关自己喜爱的动漫或者形式的文字，根据爱好思考一个问题，结合自己看法和其他人的评论，做一份评论文章。借学生对动漫的积极性，锻炼其思辨、调查和写作的能力，使之形成良好的思考问题的习惯。

（三）调查探访

学生通过网络、走访、参观展览等方式了解本地的文化生态，将上海本地文化融入创作实践中。

（四）多元创作

学生根据不同的主攻方向进行创作，其形式可以各不相同。教师根据学生的能力、爱好设置适合学生的作业，个人以绘画为创作形式，小组合作以分工的方式完成一部简单的动画(漫画)，其中擅长绘画的同学可以负责绘画部分，而在语言文字表达上有天赋的同学可以参与剧本创作。动手能力强的学生可以进行角色扮演的服装设计。同时也可以以舞台剧、音乐等多种形式进行创作，并展示其成果。

四、课程实施

每周一节课，总课时为十八节。学生数在15到20人之间，授课地点不定，可以在普通教室、舞蹈房或者一体机教室等。每节课前五分钟用于学生交流分享想要推荐的动漫作品，每位同学都要写一篇关于动漫的感悟或者研究性质的文章。

1. 分享交流：走进动漫文化，感受漫画艺术的魅力，学习创作漫画需要的技法，完成一幅四格漫画，并谈一谈作品构思。

2. 实地探访：学生分组进行探访，调查上海的动画制作公司或展览，制作调查微报告，介绍本小组的探访结果。

3. 配音表演：学生通过分工合作，完成剧本撰写，道具制作，舞台布置以及上台演出，完成一次角色扮演活动。

五、课程评价

采用发展性和过程性评价结合的评价体系，关注评价对象发展的全面性，关注个体差异，注重学生本人在评价中的作用。

1. 评价形式以自评、互评为主，结合教师评价，作业形式以个人为主的情况下看重学生自评和教师打分，以小组合作为形式的作业由组长、组员互相打分和教师评价。

2. 教师对学生作品的打分原则：作品需要达到由学生或小组成员自己制定的标准，教师不设置统一标准，评价时根据作业是否达到学生自己制定的标准为依据。

组长填写

组员 （组员姓名）	活动表现 （工作完成度）	纪律分 （课堂表现情况）	总　评
	A(优秀)B(良好)	C(合格)D(不合格)	

组员填写

组长姓名	活动组织情况	态度分	满意度

学生 DKP 制度[①]

① 每节课准时进班级加 10 DKP，如迟到则只能加 5 DKP，请假或其他情况导致没有上课则不加。

② 学生每完成一课时的学习自动加 20 DKP。

③ 作品获得 A 的同学，每份作品加 10 DKP，互评中表现优秀的同学加 10 DKP。

④ 违反课堂纪律第一次扣除 5 DKP，第二次扣除 10 DKP，第三次扣除 20 DKP 以此类推，一节课累计扣除 40 DKP 或以上，须做反省。

⑤ 学期末统计每位同学的 DKP，总分超过 500 的同学可获得奖励。

⑥ 学生可以使用 DKP，详细使用规则待定。

⑦ 设置 DKP 记分员一名。

（撰稿者：夏天然）

---

① DKP 制度为一种游戏化的积分分配制度。

快乐足球：另眼相看玩花样

> 课程主张　让运动成为一种享受

"快乐足球"以激发学生兴趣为出发点，采用丰富的教学手段和方法，创造条件让学生体验到足球运动的快乐，打造"乐中学，学中乐"的课堂，从而让学生尽情地去体验足球的乐趣，并在不知不觉中学习足球知识和技能，完成教学目标，享受足球所带来的快乐。

一、打造"快乐足球"教学新模式

"快乐足球"应该是体育锻炼、体育娱乐的综合，既培养了学生的兴趣，又让学生在嬉笑中不知不觉地获取了足球知识。

（一）营造快乐和谐的教学氛围

创设良好的教学氛围和师生关系，主要是情感对情感的传递，它带着浓厚的情感色彩。教师在处理师生关系时要注意与学生的沟通。在课堂中教师适时的玩笑或者口误，都能立刻起到调节课堂气氛的效果。在教学的过程中我常常使用这一技巧，并且屡试不爽。记得有一次组内公开课，刚入校的预备班孩子看到几个老师来听课，学习的气氛一下就紧张了起来，这当然不是我想要的学习氛围，它会大大阻碍孩子们学习的动力，使得他们在学习动作时畏首畏尾，学习效果可想而知。观察到这一现象后,我把一次在其他老师上课时听到的"口误"搬了出来。在体育委员整完队伍后,我走到队伍当中,讲道:"同学们再见!"惊讶、好奇,一下子孩子们近四十双眼睛看向了我,有几个在那边哈哈笑了起来,也有的马上喊出来"老师,你说错啦!",我也故作尴尬地及时纠正自己的"口误",并表示歉意。但就是这一句话、一个表情,却使原本紧张的气氛得到了缓解,为之后学生的学习创造了快乐、轻松的教学氛围。

此外,课堂当中上课的学生人数很多,统一发号施令、散开站立的体操队形等方法能够一齐行事,但不应长时间不变,使得教学模式过于单一,这也会影响到快乐学习的氛围。为此多进行队形的变化,方向的转变会起到比较不错的效果。

(二)培养学生的自信心,呵护学生的成功感,给予学习的快乐体验

老师不但要传授知识,还应该培养学生的品质。如果教师鼓励、肯定学生的足球运动,那么在学生心中将会慢慢树立起对足球的信心。将来他们可能会以信心为基石,一步步地深入探索足球,主动学习。在两次的中英培训中英国老师在这一点上给我留下过深刻印象,每当我们中国学员完成好一个动作,或者回答完一个问题,他们都会给予掌声,给予肯定:"good""good job!"(好样的、干得不错)。方法很简单,却给了学生很大的自信去完成之后的任务。我们中国的学生,不正是缺少了这一份应该属于他们的自信吗?学习回来之后,在我的课上,我也经常会伸出我的手,翘起大拇指,给他们送去我的肯定和鼓励。即使发现学生动作出现问题,我也会先给予肯定,再说出建议。比如:"刚刚你这个转身动作做得很棒,今天第一次就能做得这么好,很厉害哦,但转身之后的摆脱加速,你有没有做出来呢?"运用这种方法后,我感觉学生更容易接受我的建议了,学习起来也更加快乐了。

(三)将游戏融入足球教学过程中,在快乐中学习

快乐来源于很多因素,而对孩子们来说只要是玩,就很容易给他们带来快乐。我们体育项目在这一块来说就有很大的优势。我当时在给几个班上足球课的时候问过

学生们一个相同的问题:"你们喜欢上足球课,还是喜欢上语文、数学、英语啊?"可能会得罪许多老师,但我不得不公布答案:百分之八十以上的学生都回答说喜欢上足球课,男生的比例就更高了。这是为什么呢？可能有很多原因,例如比较自由、没有压力、轻松愉快等,我想还有一个重要的原因——有游戏的环节。

"game"这个单词,我们中国人翻译为"游戏",外国人把一些"比赛"也会通俗的称之为"game"。在我看来,"game"就是能让人得到快乐的一种方式。在第一期中英校园足球培训中,英国的校园足球老师把他们在英国上课的方式展现给了我们,简单地说,他们上足球课,就是游戏课。他们设计了许多结合球的游戏,将足球的基本技术如运球、传球、射门等都融入到游戏当中。学习回来的第一节课,我依样画葫芦,将一堂运球课设计成了"红绿灯"游戏,起到了非常好的教学效果,学习的快乐映照在每一个学生的脸上。在游戏的环节中,学生们将运球、急停、转身等动作慢慢掌握,熟悉起动作的要领,激发了他们学习的兴趣。

(四) 在课堂上引进竞争机制,在快乐中争高下

为更好地挖掘学生的潜力,激发人最原始的对成功的渴望,可以有条件地引进竞争机制,让学生在相互竞争中学习。例如,足球运动的基础技术,通过小组内合作、小组间竞争的方法进行比赛,让学生在追求得分的意识中,在快乐、竞争的环境下,更有激情地完成学习。同时也能让学生懂得互助、团结的重要性,并从中体会到责任的意识和来之不易的胜利。

在课堂中引进竞争机制,增强了学生自主学习的意识,激发了他们勇于探索的精神,也让他们在学习中更加快乐,学习更加主动。

(五) 让孩子们学会欣赏,感受运动的"美"

足球运动还能带给人一种运动的美,如今的初中生对美是十分向往的,但对美的认识还是比较模糊的。足球之美,美在哪里？这就要求老师帮助他们去观察,带着他们去体会,去领略足球运动的美。在足球实践课之余,我利用部分时间给孩子们上理

论课,帮助他们了解足球的历史、文化、规则,并从中让他们体会到足球运动的竞争之美、规范之美、形式之美、和谐之美等。我通过语言讲解、视频观看的方式让学生能够去欣赏足球,感受这项运动给人们带来的快乐。

二、课中给予孩子自主学习的权利

(一)给孩子"活动"的权利

现行的体育教学课,老师们大都按大纲规定的教学内容分配时间进行上课,老师的任务就是教,学生的任务就是学,整堂课里学生没有一点属于自己的时间,因而会出现学生注意力分散,课堂纪律差,体育课质量下降的情况。这经常让老师们感到无从入手,不知如何是好?从学生的心理角度来看,学生的天性就是想玩,想表现自己,显示自己,他们往往把体育课看成是充分展示自己的时机。因此,要使学生在课上从头到尾都按照老师的规定去做是不现实的,也是做不到的,有时会引起学生的反感,甚至出现逆反心理。所以在足球课中应该留给学生必要的自主活动的权利,有计划地安排一定的时间给学生进行自主学习,这可以让学生主动地、生动活泼地进行足球练习,让他们更富于个性化。教师只要根据需要适时给学生必要的启发、引导和帮助即可,这样的教学不仅能够使学生的个性得到充分发展,也有利于教学任务的圆满完成。

(二)给孩子"合作"的权利

课堂中应给予学生合作学习的权利。在教学竞争不恰当的应用下,现今的评价机制挫伤了一部分学生的学习积极性和学习热情,成绩优秀的学生容易得到教师更多的关注,因此运用合作学习将逐渐成为课堂教学的一个重要方法。合作学习是以小组学习为基本形式,以小组的团体学习成绩为评价标准,通过学生之间的相互促进,共同实现教学目标。合作学习能使学生在课堂学习中互相帮助、互相激励。如:一堂运球接力课,运球的总距离固定,但允许同一组的学生每人可以运送不同的距离,其差距限制在正负5米之内。这样运球较快的学生会感到自己有了用武之地,运球慢的学生也会因不乐意一直被人代替而努力提高自己的运球能力,每个学生都能实现个人在集体中的价值。由此可以看出每个合作小组都是一个"利益共同体",只有小组获得了成功,才有个人的成功,而小组的成功又依赖于小组成员的共同努力。这种合作学习的方法对于学生团体意识、协作精神、责任感、归属感的培养是有重要意义的。而未来的竞争主要是协作的竞争,没有集体的智慧与团结的协作,就不可能有强大的竞争力。

(三) 给孩子"体会"的权利

在足球课中应该给学生一点自我体会动作要领的时间,这并非是对学生放任自流,而是激发学生自学与自练的热情,调动学生学习的主动性与积极性,力求在此基础上把传统的"要我学"转变为现实的"我要学"。可以肯定地说,学生由于受专业知识的限制和系统的专项训练缺乏的,实践体会较少,对一些体育名词和术语往往是听不懂的,更谈不上掌握与运用。如果老师在讲解动作要领时,使用的是体育名词和术语,这就容易导致学生一时难以理解动作要领或对动作要领一知半解,再加上在讲解、示范后,要让学生马上进行练习,此时学生并未及时消化教师所讲的动作要领。如果在经过几次练习之后,老师给学生一点自我体会动作要领的时间,使学生能结合刚才的练习,对照动作要领进行一番思考和加工,然后再进行练习,效果就会大不一样。这种方法将一改过去教师讲解、示范后,无论学生能否理解动作要领,都得立即进行反复练习、中间不给予时间体会动作要领的教学模式相比更具目的性,效果也将更好。

(四) 给孩子"交流"的权利

在足球课教学中,学生间的技术交流是非常重要的,往往学生间的一句通俗易懂又不改变动作要领含义的话就能使对动作要领尚未理解的学生恍然大悟,而学生间的相互技术交流可以在自我体会动作要领的这段时间内进行,从而起到互帮互学、共同提高的作用。相反,如果教师在课堂上不给学生讲话的机会,这样,从表面上看课堂组织纪律较好,但学生间就没有了进行技术交流的机会,未能理解动作要领的学生仍然存在,并且这些学生需要更多的练习、更长的时间来逐步理解动作要领和掌握正确完成动作的方法,从而影响教学的效果。其实,交流是学生自主学习的重要体现,交流能让没掌握的同学更快掌握动作,能让学会动作的同学巩固提高,在学生讲与听的过程中增强了学生交流的能力和情感的体验,给予学生交流的权利是非常重要的。

一段课程学下来,学生们纷纷表示:"上了一年的足球课,我对足球这项运动更有热情了,通过它我学会了许多足球技巧,也能熟练而巧妙的做出这些动作,这都是足球老师精心教导和我们勤奋努力赢取的结果。一场场惊心动魄的训练比赛,队员们配合默契,我们在赛场上用脚记录下自己的足球历程。足球课锻炼了我们的毅力,使我们无论做什么事都保持着坚持不懈、永不言弃的态度;足球锻炼了我们的体力,使我们在体育活动时干劲十足;足球锻炼了我们的脑力,使我们在学习上精神抖擞,拼搏向上,努力争取更好的成绩。""虽然在足球课中遇到过一些困难,例如受伤或者遇到一些反反复复做,却还是做不熟练的动作。但是我都挺过来了,我认为这是对我的磨炼,我应该去接受。足球训练也培养了我集体合作、团结的意识,在为人处事上处处都为别人着想,理解同伴的心情,给予同伴发自内心的鼓励,相信在以后的足球课中会更加尽力去帮助同伴。我爸爸对我踢球也有他的想法,他说过:'小徐开始踢球以后,身体素质比以前好了,也有了团队意识。参加大大小小的比赛,我也很支持,听她谈论女足队里的趣事,我也为她开心。希望能继续秉持着艰苦拼搏的精神,加油!'""我想球队是大家的,并不是一个人的。有欢乐,大家一起分享;有悲伤,大家一起承担。有足球,大家一起踢。"

足球教学要以快乐为中心,以学生为中心,使老师乐教,学生乐学,并在学习过程中充分体现足球运动的乐趣和足球魅力,从而达成特有的教学目标,成为孩子们心目中真正的"快乐足球",成为孩子们能够去享受的一门课程。这就是快乐足球。

课程设计　快乐足球课

一、课程背景

经国务院批准,国家教育体制改革小组于2014年11月26日在北京召开了全国校园足球电视电话会议,中央政治局委员、国务院副总理刘延东在会议上强调,要认真贯彻习近平总书记、李克强总理关于抓好青少年足球、加强学校体育工作重要指示精神,坚持体教结合,锐意改革创新,推进校园足球普及,促进青少年强身健体、全面发展,夯实国家足球事业人才基础。

"足球从娃娃抓起",这句口号喊了几十年,但是中国足球在青少年训练营方面落后于近邻日韩,已经是不争的事实。虽然中国体育代表团在各项大赛中都拿到多枚金牌,但整体国民身体素质的提高,才是体育大国的主要说明数据。增强人民体质是体育的最基本功能,习总书记把中国体育事业的第一个愿景定位为提高国民的健康素质,这也是我们学校体育的目标。学校体育要面向人人,要让每一个孩子拥有强健的体魄;通过足球教学,让学生能够学会足球技能,有更多参与竞赛的机会,这样才能够提高学生的身体素质。同时,通过竞赛能够培养学生团队意识,培养规则意识,培养责任担当,培养平和面对输赢的心态,培养集体荣誉感。

作为一所全国校园足球特色学校,基于上述这些原因,学校本着育人的终极目标,专门的开设了这样一门校本课程,力求通过足球项目培养学生终身体育的习惯。

二、课程目标

1. 通过学习足球技术,基本掌握运球、传球、射门等动作,培养良好的球感。

2. 通过对抗、比赛,体验足球活动的乐趣,培养相互配合的团队合作意识,在学练过程中养成规则意识,增强力量、灵敏、协调等身体素质,树立自尊和自信,培养顽强拼搏的精神品质。

3. 通过足球相关理论学习,了解足球比赛规则,学会踢比赛,看比赛。简单掌握足球运动中常见损伤的防治。

三、课程内容

足球运动是一项综合性的体育运动项目,在足球运动的各种要素中,足球技术是基础,有了技术才会产生许多行云流水般的默契配合。足球技术分为有球技术与无球技术,若掌握不了有球技术,这个球员在场上势必无所作为。相反,如果将足球技术融会贯通,升华到自动化的运用程度,形成技巧时,足球比赛一定是激情四射,魅力无限。本课力求通过一定时间的训练,使同学能够熟悉球性,较为熟练地掌握运、传、射等基本技术,并通过一定的理论学习,对足球比赛的竞赛规则有了解,学会踢比赛、看比赛。

此外,足球运动还是培养孩子智力、心理、身体的最佳运动项目之一。它区别于个人运动项目,在团结协作的足球运动环境中,孩子的意志品质和竞争意识会得到磨炼,有利于培养积极向上、勇于拼搏、不怕困难、吃苦耐劳的精神。同时,在瞬息万变,错综复杂的比赛中,对孩子的思维、观察、判断、反应等能力的发展也会有很大的提高。在身体素质方面,通过足球训练,能促进人体新陈代谢,增强孩子的肌肉、韧带力量,提高灵敏、柔韧、协调等能力。

本课程分为五大类别,共十八课时。第一类:球感(3课时),具体内容包括:踩球、拉球、拨球、扣球、跨球。第二类:技术(8课时),具体内容包括:脚内侧、脚外侧正面运球;足弓、正脚背传接球。第三类:知识(3课时),具体内容包括:足球故事、足球基础知识、伤害事故损伤防治、观看足球比赛。第四类:比赛(4课时),具体内容包括:足球游戏、足球比赛。第五类:身体素质(结合在平时课中),具体内容包括:柔韧性、灵敏性、协调性、反应、耐力等身体能力。

四、课程实施

本课程通过图书馆借阅《足球》、《少年足球技术与训练完全图解》、《足球运动损伤与防护指南》等相关书籍,结合自编校本教材,音像资料,网络查阅相关资料等多种渠道获取教学资源。每周一节课,共18节课。课程安排上采用实践课、理论课和比赛相结合的方式方法。

实践课:学生自由组合成活动小组,推选出综合素质较高、责任心较强的同学为龙头,担任组长带领小组活动,通过踩球、拉球、拨球、扣球、跨球等动作提高学生的球感,使学生能基本运用脚内侧、脚外侧正面运球,足弓、正脚背传接球,正脚背射门等动作。学期末填写《小组成员分工情况表》。

理论课:通过观摩比赛录像知晓战术打法,并通过联系校外球队对抗、参与区级比赛等形式增强学生比赛对抗能力和社会适应能力,了解足球比赛规则。

足球课:结合学校的校园足球节活动,提升学生的实战积累,增强学生的荣誉感。

五、课程评价

1. 对学生的评价分别从"出勤情况、上课态度、技能考核、基础理论考核、比赛实践、特殊贡献"六个方面进行综合测评。考评分"平时考核"和"综合评定"两部分:平时考核内容为出勤情况、上课态度;综合评定内容为技能考核、基础理论考核、比赛实践、特殊贡献,特殊贡献内容为代表学校参与区级比赛场次。

2. 考评按照自评、互评、指导教师评价相结合的原则进行,最后形成综合评定等级。其中,自评权重为10%,互评权重为30%,指导教师评价权重为60%。

3. 学生评价等级分为优、良、合格与待合格四级。80分及以上为优秀,70分—79分为良好,60—69分为合格,60分以下为待合格。

4.《足球俱乐部》学习评价表

评价指标		分值	评价			综合评价
			自评(10%)	互评(30%)	指导教师评价(60%)	
平时20%	出勤情况	10				
	上课态度	10				
综合评定80%	技能考核	20	无自评、互评		此两项教师评价占100%	
	基础理论考核	20				
	比赛实践	30				
	特殊贡献	10				
综合评价						
评定等级						

（撰稿者：曹 垒）

第七章

课程即知识繁殖

　　课程是富有繁殖力的知识,而不是静态的、死亡了的知识。孩子在形成知识的过程中,如果能像学科专家一样思考,就可以选择、处理、调用并建立自己前后连贯的知识体系,从而形成稳定地看待世界、看待自然界、看待人类社会的观点与思考方法,这就形成了活的知识。孩子在某一个学科体系的关键领域中,经过引导、体验、探究、规范化的练习,获得一系列优质特性,这样可以将孩子们从确定性知识和程序性、普适性技能的规训中"解放"出来,超越固有经验的限制和束缚,从而唤醒他们的内在精神,凸显他们的自主与自觉意识。

情悟语文：以情悟道的架构

课程主张

"情悟语文"，"情"乃"情感"，"悟"乃"感悟"。简而言之，就是在情感交融创生中感悟语言文字，感受语文的魅力。重视学生"悟"的能力培养，同时也把"悟"作为考察和评价学生语文学习能力和水平的标准。

情感是语文教学的灵魂，也是语文教学的"气"之所在。它能把教师、学生、教材三者有机融为一体，是连通师生与作者的关键环节，是桥梁，是媒介，更是生命共鸣的核心。刘勰在《文心雕龙·知音》里说："夫缀文者情动而辞发，观文者披文以入情。"课文的朗读、品味、合作探究，正是通过"披文"连通了作者的情感，而文章的思想内蕴、文化品格也都融会在情感里面，由此教师、学生便与作者产生共鸣，接着思想内蕴、文化品格也便会慢慢融化于心。

只有当教学触及到学生的情感琴弦，激发学生学习的欲望，引发学习的兴趣时，这才是一节成功的语文课堂。一个好的语文教师应善于利用教材中的情感因素，创设教学情境，准确把握学生的内心世界和情感轨迹，并以自己情感调动学生的情感，引导学生将自己的人生体验、情感与课文交融在一起，从而实现师生情、作者情的情感交融，和谐共振。学生在课堂中，与教师、同学、文本实现真正意义上的自主对话，从而让那种源于本性的真情在课堂中汩汩流淌。

一、推动初中语文情悟教育的发展

(一) 深挖教材　凸显情感性元素

在初中语文教材中,编者有意融入了大量情感性元素。例如,在《背影》这一篇课文中,作者就通过简单的语言赞颂了深沉的父爱,彰显出父与子之间纯朴的亲情。在《罗布泊,消逝的仙湖》这一篇课文中,学生能够感受到大自然的美丽与魅力,同时也深刻感受到作者对大自然的热爱之情。

初中语文教材拥有大量的情感性元素,它们能够被教师应用于情感教育,能够让学生在学习过程中获得丰富的情感体验。因此,教师首先要做的就是对初中语文教材进行深层次的挖掘,并在教学中有意识地对其进行应用,引导学生在学习字词句的同时感悟课文中的情感,达到情感教育的目的。

(二) 尊重学生　唤醒情感

教师必须要在初中语文教学中尊重学生的情感,要对学生丰富的情感进行肯定,让学生的情感能够在语文课堂教学中得到抒发,得到升华,并最终达到丰富学生情感的目的。而在传统的初中语文教学中,教师更加重视学生的语文成绩,进而在教学过程中忽视学生的真实情感。更进一步说,教师为了达到纯粹的理智训练的目的,或者为了维护教育者本人的权威,随意侮辱学生的人格尊严,忽视了学生的情感需求和情感自尊,在这种背景下,教师也不会在教学中引导学生去感受情感、抒发情感。

教师必须转变自身的观念与意识,要在初中语文教学中尊重学生的情感,让学生能偶尔在课堂教学过程中自由地表达自己的喜怒哀乐,让学生的情感更加丰富。换言之,教师不能在初中语文课堂教学中压抑学生的情感,而应该进一步引导学生真实地抒发自己的情感,引导学生与课文作者产生情感共鸣,并对学生的意识、理念和情感给予充分的尊重,健全学生的情感与心灵。

(三) 对教学方法的多样化选择

教师必须要使用灵活的教学方法,要在初中语文课堂教学中让学生对其中的思想感情的领悟得到进一步的提升,这样才能够完成情感教学的升华。初中语文教材中拥有大量的情感素材,语文也被誉为充满灵魂的学科。这已经从根本上凸显出语文教学中拥有大量能够进行情感教学的因素,要提高情感教学的质量,就是要促进学生对语文教材中丰富感情的认识和理解。因此,教师必须使用灵活的教学方法,提高初中语文鉴赏教学的质量和效率,让学生能够更进一步地对文中的思想感情进行领悟和体验。

在学习《范进中举》这篇文章中,大部分学生认为范进是一个悲剧人物,人到晚年终于完成了理想到头来却还没有享受到喜悦就已死去,对他的情感是同情。而另一部分学生却认为范进是一个坚持理想非常有毅力的人,最后终于实现了自己的理想,在巨大的满足中合上双眼,是一个值得敬佩的人。这时教师就可以将各自持不同意见的学生分为两组,引导学生开展辩论。在辩论的过程中,两方的学生各抒己见,对于个人情感的认识也更加充分,同时也能够更加深刻的了解对方的情感体验。这个过程不仅打破了传统的教学模式,提高了学生的学习积极性,也更进一步地提高了学生的情感体验。教师还可以使用情境教学法,将学生带入相应的情景中去,加深学生的情感体验。总之,这样可以在咀嚼文本中感受情感的脉络,又在情感脉络的梳理中感悟文章的主旨。

二、从以情动人看对语文教师素质的要求

(一) 语文教师要注重自身的情感影响,形成正确的教学观念

要想学生有情首先要教师有情。在语文教学的过程中,教师的情感也同样能感染学生,引出学生的情。教师要具有一股爱学生的真情,给学生亲切感和信任感。在课堂上时时给学生以微笑、期待和赞许,与学生进行直接的感情交流,当学生回答正确时及时给予赞许,当学生回答错误时及时给予鼓励,尊重信任学生,尤其对差生要给予更多的关心。教师要注意突出学生的主体地位,多引导、多鼓励学生自我学习和自我发

现,特别是在讨论过程中学生思维出现障碍而中断或错误时,要多方引导启发,尽量让其完成,保护学生的积极性,使学生享受到获得知识的喜悦和成功的快感,认识自我,增强学习的自信心。在与教师的交流下,学生感到教师可信、可亲、可爱,当学生喜欢教师,那么对其所教学科也自然带有学习和参与热情,反之只会影响教学效果。在语文教师自身情感的带动下,学生也会产生一种满意和喜爱的情感。

教师要时刻保持乐观向上的精神,一进入教室马上投入教师角色中,融入到课文的感情中来,绝不把个人不健康的情绪带进课堂,以免影响学生的情绪。由此看出,作为一名语文教师必须有良好的心理素质和积极、健康、丰富的情感,重视自身情感素质的培养。只有这样,才能更好地实现情感教育,促进学生的全面发展。

(二)语文教师要加强教研能力,充分挖掘教材中的情感因素

语文教材,往往具有很强的感染力,为学生展现了丰富多彩的情感世界。通过学习语文我们更多看到的是主观感受,是内心情感,是个人见解和人生观。教师如果在教学中能充分利用情感因素,使学生在情感上与课文的情感产生共鸣,就会大大增强教学效果。

我们教师在备课的过程中,首先需要钻研教材,细心揣摩和体会作者在文字中流露出来的真情实感,被课文的人情美、言辞美所感动,没有这种情感的积聚也就不可能倾情,这就对语文教师的教研能力提出了更高的要求。譬如教授《登泰山记》这篇文言文,教师首先要自己能感受到作者对祖国壮美山河的赞美,才可能将潜藏在课文中的情传给学生。语文教师要善于利用教材中的情感因素,采用朗读引发、品读体味、情景再现、情境体验、背景穿插、烘托渲染等教学方法,并结合具体的教学手段,激起学生内心的感情波澜,引发学生的情感,使之与作者产生共鸣,进而理解课文、发展学生的情感空间。譬如讲授《我与地坛》这篇课文,教师要注意课文内容与学生生活的联系,先把握住课文中其中一个主要目的是要引导学生感受作者作为儿子对母亲的深切悼念之情以及母亲对儿子那毫不张扬的母爱,并且把握住作者珍惜生命勇于开辟一条走向自己幸福道路的精神,于是再运用多媒体,发挥音乐对情感的牵动作用,先播放一首歌颂母爱的抒情音乐《懂你》感染学生,在分析课文时引导学生结合自己与母亲的生活,唤起他们体谅母亲珍惜母爱的觉悟,最后播放陈百强的《念亲恩》再次唤醒学生对母亲的爱。只有充分挖掘课文的人性、人生价值的感悟,让学生在欣赏中学习,感悟课文情理,进行情感交流,才能更好地激发学生学习的兴趣。

另外,我们语文教师还必须根据文体特征来组织课堂教学。从文体特点而言:诗歌、散文、小说等都既是语言艺术,又各自具有其本身的文体特征。诗歌教学主要是多读,通过朗读传情,适当引导学生体会分析其意境与韵味;散文教学主要是注重品味其"形散神聚"的特点,也要强调多读;小说教学主要是立足于情节、人物、环境的分析与鉴赏。因而从课堂教学方式上讲,教师不可能只采用一个教学模式,运用同一种手段、按照一样的程序进行教学。所以语文教师要及时根据文体的不同调整教学方法与教学手段,以引导学生品味课文中所蕴涵的丰富情感。

(三) 语文教师要加强语言功底,充分发挥语言的激情作用

语文本身就带有丰富的情感因素,这与语文学科的特点分不开。然而怎样才能将这些情感更好地发挥出来呢?语言的交流也就是情感的交流,教学语言起到一个不可忽视的作用,语文教师更应该把自己的语言功底打扎实,通过生动、形象、幽默、富有情感的教学语言点燃学生心中的情感之火,把深奥的道理浅显化,使抽象的概念形象化,幽默的语言还可以创设一个宽松的教学氛围。语言具有激发性和感染力,在语文教学的过程中要讲究语言节奏的轻重缓急,语调的抑扬顿挫,语气的丰富变化,并配合适当的体态语言,教师的一个眼神一个动作,都能加深学生对课文情感的理解,更好地将教师的情感传染给学生,拨动学生的心弦,引起学生的感情共鸣,使学生与作者的感情相沟通。这样既有助于理解,又有利于学生情感的发展。

(四) 教会学生"悟"的技法,掌握真正的"悟"道

《义务教育语文课程标准(2011年版)》中这样写道:"欣赏文学作品,有自己的情感体验,初步领悟作品的内涵,从中获得对自然、社会、人生的有益启示。"阅读是学生的个性化行为,不应以教师的分析来代替学生的阅读实践,应让学生在主动积极的思维和情感活动中加深理解和体验,有所感悟和思考,受到情感熏陶,获得思想启迪,享受审美乐趣。阅读教学是中小学语文课堂教学的重头戏,约占教学时间的三分之二,但阅读教学"少慢差费"是不争的事实。有些人说是试题难度太大,跟平时的教学不是一回事;有些人说学生的阅读能力差,提高很困难。不管怎么辩,我想这跟我们日常教学的程式化有很大关系。据我了解,不少语文教师仍然是严格按照教学参考资料的课时要求上课,把教完课文当作硬性任务去完成,课堂教学过程基本上就是把教学参考资料中的重点内容,按现在时髦的课件讲述一遍,把课文后面的"研讨和练习"题答案讲评一遍,至于讲过之后学生有没收获,有多少收获,很少过问。这种教师囫囵吞枣式教,学生囫囵吞枣式学的教学程式,导致的结果是学生读了十二年语文,学了几百篇课文,除模糊地积累了生字词外,文体阅读知识模糊不清,文章阅读技巧零零碎碎。学生的学习结果是这样,做起考题来,不模棱两可才怪!

要改变这种局面,我个人觉得有必要教会学生"悟"透阅读规律和技巧。叶圣陶先生说:"知识是教不尽的,工具拿在手里,必须不断地用心地使用才能练成熟练技能的,语文教材无非是例子,凭这个例子要使学生能够举一反三,练成阅读和作文的熟练技能。"叶老这些话的意思有三点:一、教材是例子,教过的课文,学生就要能读懂读通读透,达到举一反三的程度;二、文章是教不完的,教一篇就要让学生懂得这一类文章的阅读技巧和写作技巧;三、阅读技能的熟练得靠学生用心去"悟",悟透后才能形成举一反三的能力。我很赞同叶老的说法,觉得课文不必每一篇都教,也不一定非教教材中的课文,教一篇就得有利于对学生的阅读和写作能力,否则学生掌握生字词即可,这是一;就算重点教的文章,也不一定要面面俱到,完全可以根据学生语文学习的基础状况,重点突破某一点。譬如教莫泊桑的短篇小说《我的叔叔于勒》,如果觉得学生还不懂区分小说的主要人物和次要人物的方法和依据,那么就完全可以把这一点作为教学的重点和难点去处理,联系学过的小说去讲清楚,析透彻,让学生明白为什么于勒不是主要人物,而是次要人物中的线索人物,为什么菲利普夫妇不是次要人物,而是主要人物,是依据这些人在表现主题,推动情节的发展所起的不同作用去分析、判断的。至于构思的精妙,环境描写的精要等,教师在课堂上完全可以不理。俗语"伤五指不如断一指"说得其实就是这个道理。教师如果觉得这篇文章确实对学生阅读和写作能力的提高很重要,那么就完全可以把它当作重点中的重点课文去教,可以要求学生一字不错地把它背下来,可以把文章中学生"悟"不透的句子和词语,一个个讲清楚,讲明白,让学生达到大彻大悟的程度,并且能模仿该文的模式写出形似神也似的文章。我觉得那些学生能真正学进脑袋里的经典课文,教透了,学生才能"悟"透,才能实实在在的提高他们的语文能力和水平。

作文教学是目前语文教学中很令老师头痛,学生害怕的。这种头痛除因学生作文语言不通畅,缺少文采,批改费劲外,还表现在内容空洞无物,千篇一律,缺乏真情实感,结构散乱,不成体统等方面。学生害怕主要表现在搔破头皮,搜肠刮肚,咬破笔头,煞费苦心写出来的文章,总难令自己和老师满意。学生作文能力差,我认为主要是三方面的原因:一是墨水太少,即语言材料的积累不多或积累的语言材料只停留在死记硬背层面,而不会灵活运用;二是学生观察、体验和表现生活的能力太差,即生活感悟能力太差;三是作文基本技法不熟练,不能学以致用。要改变这种现状,第一方面得靠学生在阅读中多积累,变"胸无点墨"为"腹有诗书气自华"。第二方面靠多练。我认为要提高学生观察、体验和表现生活能力,即生活感悟能力,得靠老师用言传身教法去垂范。春暖花开季节,夏树成荫,秋实累累,冬寒料峭时节,我往往会利用语文课时间,带他们走出教室去观察校园的物候变化。我自己在校园的哪个角落有了新发现,也在第一时间告诉学生,让他们去欣赏。开展这类课外活动后,我会舍得再用语文课时间跟学生一起交流观察体验生活的体会,然后自己先写文章,再结合作品把个人感悟讲授给学生听,让学生从中感悟生活与写作的关系。

宋代诗论大家严羽在《沧浪诗话》中明确提出了诗歌理论中的"妙悟"说,认为"诗道亦在妙悟";清代叶燮在《原诗》中把"悟"与想象挂钩,认为学习主体"设身易处当时之境会……呈于象,感于目,会于心",才能"妙悟天开,从至理实事中领悟,乃得此境界也"。由此可见,"悟"在语文学习中起重要作用。在语文教学过程中,情悟教育是不容忽视的,这对语文教师的素质也提出了更高的要求。要使学生有情,首先就要语文教师自己有情,让学生从教师身上处处感受到一种无处不在的情绪感染;教师要学会"悟"学生、"悟"生活,方能传授给学生各种不同的"悟道"。

课程设计　情悟语文

适合年级:初中阶段六、七、八年级

一、课程背景

语文学科是工具性和人文性的统一,语文教学要重视情感教育,语文教师需要情感投入才能教会学生"悟"。从文字到情感再到生活和人生,"悟"字贯穿语文教学的始终,也延伸到了他们的生活之中。因此初中语文教学要重视学生"悟"的能力培养,同时也把"悟"作为考察和评价学生语文学习能力和水平的标准。

从当前初中语文教学的实践情况来看,大部分教师在教学中并不重视学生的情感,对教材的解读过分依赖教材,过于重视对学生语文成绩的提升,在主观上忽视了对学生情感能力的培养。同时,在教学中缺乏情感投入,容易流于机械完成任务的模式,师生情感沟通不够流畅,所以导致语文课堂会出现"少慢差费"的现象,教学效率低下。在这种背景下,如果语文教师没有为课堂教学投入更多的感情,那么必将带来缺乏感情和交流的语文课堂,使学生无法获得足够的情感体验,也就难以达到情感教育的目标,学生领悟文本、领悟情感的能力无法得到长足的发展。所以,"让学生在情感交融创生中感悟语言文字,感受语文的魅力"是"情悟语文"的宗旨,让孩子"动情、入情、能悟、会悟"是"情悟语文"的核心理念。

二、课程目标

1. 深挖教材,以课内选文为例子,引导学生在学习字词句的同时感悟文本中蕴藏的情感,学习遣词造句,达到情感升华。

2. 拓展阅读,选择凸显的情感元素进行多样化教学,逐步培养学生感悟语言、感悟情感、感悟人生的兴趣和能力。

三、课程内容

本课程共八讲。第一讲:从欣赏的眼光开始(1课时),观看优秀的网络资源;运用跟读、默读等多种方式,培养兴趣。第二讲:课内名篇精读与鉴赏(2课时),选择课内名篇名段,利用配乐朗诵等方式让学生入境入情,营造良好的感悟氛围;选择其中最能表达情感的关键字词进行品读和锤炼;鼓励学生大胆发言,顺畅表达,联系自身生活多元化表达情感。第三讲:美文交流你我他(2课时)。第四讲:天马行空任我游(2课时),利用图片、视频、音频等媒介,充分发挥学生的想象力,大胆表达自己领悟到的情感。第五讲:真情实感写我心(3课时),选择自己最喜爱的名家语段,从情感角度进行仿写;教师点评,挑选优秀的语段共同学习。第六讲:课外拓展寻芳华(2课时),自主寻找课外经典阅读片段,品读其中的情感,寻找情感契合点。第七讲:小试牛刀话阅读(3课时),教师提供情感阅读片段,指导学生完成情感体悟类题目;教师提供情感阅读片段,学生自主设计情感体悟类题目。第八讲:在欣赏的路上继续(3课时),选择优秀的网络资源,比如董卿的"朗读者"、乔榛的经典片段,悟情悟心,并自己录制属于自己的朗读片段,一起欣赏和交流。

四、课程实施

每周一节课,教师自编教材和学生试编教材,借助互联网、多媒体课件,各种音频视频资料等。

1. 视频欣赏：选择观看优秀的网络资源，比如董卿的"朗读者"、乔榛的经典片段，让孩子沉浸在优美的朗读之中，创设悟情悟心的环境。

2. 情境体验：利用课本剧的形式还原情境，让学生有真实的体验，从而形成有真情实感的感悟。

3. 交流互动：鼓励学生大胆发言，顺畅表达，联系自身生活多元化表达情感。生生之间，小组之间互为补充。

4. 资料筛选和自编教材：学生在提升感悟能力之后，尝试根据不同主题进行资料收集，通过遴选和辨别，尝试自编情感教材。

5. 角色体验：用多种形式表达情感，在体验中明晰情感。

五、课程评价

1. 对学生的评价分别从"课前准备、参与态度、知识掌握、技能应用、成果展示"四方面进行综合测评。考评分"平时考核"和"期末综合评定"两步：平时考核内容为出勤情况、课堂参与、角色体验、语段写作；期末综合评定内容为语段朗诵、阅读能力考核、情感创作、综合展示等。

2. 考评按照自评、互评、指导教师评价相结合的原则进行，最后形成综合评定等级。其中，自评权重为20%，互评权重为30%，指导教师评价权重为50%。

3. 学生评价等级分为优、良、合格与待合格四级。80分及以上为优秀，70分—79分为良好，60—69分为合格，60分以下为待合格。

4. "情悟语文"学习评价表

评价指标	分值	评价			
		自评(20%)	互评(30%)	指导教师评价(50%)	综合评价
平时(40%)	出勤情况				
	课堂参与				

续 表

评价指标	分 值	评 价			
		自评(20%)	互评(30%)	指导教师评价(50%)	综合评价
平时(40%)	角色体验				
	个体创作				
期末评定(60%)	语段朗诵				
	阅读能力考核				
	情感创作				
	综合展示				
综合评价					
评定等级					

（撰稿者：张　恬）

魅力化学：摇曳生姿的世界

课程主张　有一种化学很有魅力

"魅力化学"，意在培养学生的创新思维以及批判思维能力，帮助学生养成主动参与、乐于探究、勤于动手的习惯，从而提升学生处理和整合信息的能力、获取吸收新知识的能力、分析和解决问题的能力以及交流与合作的能力，让学生体验到学习化学的乐趣，更让学生感受到化学的魅力。

教育是为了学生的发展，必须从学生的兴趣出发。为了能更好地使学生体会到化学学习的快乐，在愉悦中学到知识，增长各种能力。我们必须了解学生、研究学生、掌握学生的学习认知规律，提升化学课堂的"魅力"，从学生的立场出发，不断地寻找适合学生的教学。

一、趣味实验，体验化学课堂的魅力

化学是一门以实验为基础的学科，化学实验本身就充满了一定的新奇性，因此我们可以充分挖掘实验本身的趣味性，激发学生学习化学的兴趣，从而提高学生学习化学的积极性。美国心理学家布鲁姆说："学习的最好刺激乃是对所学材料的兴趣。"兴趣是最好的老师，是学生探究知识的原动力，是发展学生思维，激发学生主动学习的催化剂，是调节学生学习自觉性的一种内在动力。教师在课堂中运用趣味实验激发学生学习化学的兴趣，从而营造轻松、有趣的学习氛围，建立魅力课堂。在

"会'踩水的鸡蛋'"这个实验中,鸡蛋在水中要下沉,鸡蛋不下沉到杯底,也不漂浮在液面上,而是沉入上层液体的下面,漂在下层液体的上面,就在那个"界面"上,自由的"踩水",非常有趣。"白花变红花"的实验也同样妙趣横生。将滤纸做的小白花放在酚酞溶液中浸透,取出晒干插在广口瓶里。将瓶放进钟罩,小白花很快变成红花。将红花取出,用扇子对着它扇风,红花又逐渐变成白花,学生被深深吸引了。

初中化学是化学教育的启蒙阶段。对于刚接触化学的初三学生,化学知识十分缺乏,甚至可以说没有。因此,教师在选择趣味实验时要充分考虑学生已有的知识经验,从他们身边熟悉的物质入手,让他们从身边的物质中感受化学世界的奇妙,体验化学课堂的魅力,并跟着教师的步伐走进化学世界去探究化学世界的奥秘。

二、小组合作,激发化学学习的魅力

"百川汇成大海,万木集成森林。"团结就是力量。国际21世纪教育委员会的报告《教育——财富蕴藏其中》指出:"面向未来社会的发展,教育必须围绕四种基本学习加以安排,即学会认识、学会做事、学会合作、学会生存。"学生是否具有合作能力、学生合作能力的强弱是衡量教育效果的一个重要方面。合作的精神是现代人应该具备的优秀心理品质。具有良好的合作精神才可以建立一种和谐、友好的学习氛围,形成民主、互助的学习关系,对培养学生学习的自主性和能动性起着十分重要的作用。

在交流讨论中培养学生的组内合作精神,许多化学新教材中都有"交流讨论"栏目。"交流讨论"一般安排在学生获得有关知识和结论之后,它要求学生运用所学知识,围绕与所学知识相关的问题进一步思考,相互交流讨论,巩固深化所学知识,学会交流与共享,培养迁移能力和合作精神。例如,在认识了复分解反应的概念后,安排下列"交流讨论":① 你已经知道了许多化学反应,请回忆并与同学进行交流讨论,然后写下你所知道的复分解反应的例子。② 食盐、纯碱、碳酸钙都是重要的盐,在生产和生活中有着重要的应用。请查阅有关资料了解它们的应用,并将你所知道的归纳起来,与同学交流讨论。学生在交流讨论中会发生思维的碰撞,也会相互取长补短,能充分表述自己的观点,也能学会倾听同学的意见、接纳同学。化学实验教学是化学教学中十分重要的环节,通过化学实验学生能体验探究的过程,学习科学方法、获取科学知识和技能。

三、化学概念图,了解知识建构的魅力

建构主义理论认为"教学,归根到底是一种帮助和促进人成长的努力。"教学生学习化学,主要并不是要他们记住哪些化学知识,而是要他们参与建构化学知识的过程。大量研究表明,帮助学生建立概念图,有利于提高知识的网络化水平,不断修正、充实和发展学生的知识结构,并最终在头脑中建构起清晰的学科知识体系。在化学教学中,教师不仅教给学生现成的化学知识,还应该帮助学生挖掘出知识的内在联系,组织、引导学生建构合理、完善的化学概念图,从而让学生感受到知识建构的魅力。

作为一种将知识系统化、结构化的技巧,化学概念图在教学中应广泛地应用,如元素及其化合物、有机化合物等知识,物质的分类、元素、反应的基本类型等基本概念、基本理论都可以编制成相应的概念图。学生将网络图有序地存在头脑中,便形成了一个关于化合物整体性的概念,在解决化学问题时纳入网络,便可迅速检索出所需要的知识线。学生对于复杂的化合物也能清晰地判断其分类。教师透过学生绘制的化学概念图,可以及时了解和诊断学生在学习中存在的问题,反思自己的教学过程,改进教学方法。除此之外,化学概念图是学生建构知识的有效工具,学生自己在建构化学概念图时遇到困难会引发其进一步地思考:自己在学习中还存在哪些不足,自己的知识储备是否不足,知识运用是否不够灵活等。进而再通过与同学或老师所画的概念图相比较来发现自己的知识结构是否有缺陷,并激励自己不断努力,弄清知识之间的联系与区别。此外,学生在绘制化学概念图的过程中,会不自觉地流露出对认知的清晰框架,并以各种各样的图形表现出来,这反映出学生自己对知识理性认识程度。由此可见,化学概念图的充分使用有助于建构和评价学生的知识体系,促进学生的意义学习和创造性学习,最终使学生感受到知识建构的魅力。

四、化学史教学,感受科学精神的魅力

科学精神是科学本性所要求的各种价值观念、思想观念、行为准则以及道德及意志品质的总和。化学史料中蕴藏着丰富的科学精神教育的素材。例如,莫瓦桑明知许多科学家因制取单质氟而健康受损,甚至献出了生命,依然不顾危险反复实验,最终获得1906年的诺贝尔化学奖,但身体却受到极大的伤害而英年早逝。居里夫人由于长期与放射性物质接触而以身殉职。化学家研究科学的感人故事,可以培养学生崇尚科学,崇尚真理,热爱科学,追求科学的精神。拉瓦锡提出燃烧的氧化学说的历史,能够激起学生敢于怀疑、百折不挠、积极进取的精神;雷利发现稀有气体氩的探究过程,能够帮助学生形成勇于探索、坚持真理、实事求是、一丝不苟的精神。发现元素最多的化学家戴维从1808年3月起,对石灰、苦土(氧化镁)等物质进行电解,开始时他采用电解苏打同样的方法,但是毫不见效。又采用了其他几种方法,仍未获得成功。这时,瑞典化学家贝采里乌斯来信告诉戴维,他和蓬丁对石灰和水银混合物进行电解,成功地分解了石灰。根据这一提示,戴维将潮湿的石灰和氧化汞按一定比例混合电解,成功地制取了钙汞齐,然后加热蒸发掉汞,得到了银白色的金属钙。紧接着,又制取了镁、锶、钡等金属。利用碱金属置换法,戴维还制取了非金属元素硼和硅。这样,截止至1808年,戴维发现了8种元素,在108种天然元素中一个人发现这么多是很少见的。由于戴维的努力,电解法发明后,出现了发现新元素的高潮,推动了无机化学的发展。44年间,他共发现了31种新元素。

化学史不仅包含着科学家的天才智慧,更为感人的是科学家们严格的科学态度,坚韧不拔、追求真理的精神,是培养学生科学精神的极好典范。化学史在化学教育中还有许许多多的功能,培养学生的探究意识仅仅是其教育功能的一个方面。在大力倡导素质教育的今天,学生学习一点化学史方面的知识,不但可以开拓其知识领域,更能使学生学习科学观点、方法,体验科学探究的过程,形成科学品质,感受科学精神的魅力。

学生在"魅力化学"体验学习中带着美的眼光去看待化学,就会在化学中处处发现美:化学研究内容之真、化学研究发现之实、化学追求目标之善、化学科学应用之美。学生感受了化学的变化之美,化学的用语之美,化学的计算之美,化学家的心灵美,这就是"魅力化学"的神奇之处。"魅力化学"课堂中学生体会了学习化学的乐趣,体验了化学改变生活的神奇魅力,感受了化学世界的无穷魅力。

课程设计　魅力化学

一、课程背景

随着课程改革的深入进行,现阶段标志是实践者即学校主体意识的觉醒和专业领域研究者实证意识的清晰。有关寻找、确立与制定适合学校课程发展的标准与依据正成为学界的一种共识。也就是说,当我们讨论课程时,我们是在考虑未来学生的人生历程,考虑他们可能持有的生活模式和个性体验,是他们逐渐展开的人生体验。化学是一门基础科学,我们在中学化学教育中进行人文教育的实践目的是尝试解决目前化学教育中存在的一些问题,更好地实施素质教育。学生未来的发展是包括人文素养在内的发展,人文素养是做人的基本素质,培养学生的人文素养的目的是教会学生怎么做人、怎样与自然和社会和谐共处。培养学生的人文素养是目前中小学提倡的"核心素养"之重要组成部分。初中化学课堂教学应重视培养学生人文素养,这将有利于学生的终身发展。

目前学校拥有丰富的化学课程资源、齐全的化学实验设备、教学所需的各种学科教材以及数字化设备和高质量的软件。课堂上,为了能更好地使学生体会到学习化学的快乐,在愉悦中学到知识,增长各种能力,我们必须了解学生、研究学生、掌握学生学习的认知规律,要在化学课堂的"魅力"中得到真实体现,从学生的立场出发,不断地寻找适合学生的教学。

二、课程目标

1. 发挥化学实验的"魅力",培养学生的学习兴趣,让学生以愉悦的心情学习生动有趣的化学,积极探究化学变化的奥秘,增强学生学习化学的信心,培养学生终身学习的意识和能力,形成科学精神,使学生初步了解化学对人类文明发展的巨大贡献,认识到"化学"独有的魅力。

2. 挖掘化学学科的形式美,利用蕴含化学美的素材,陶冶学生的心灵美,以美感染学生,培养学生高尚审美情趣,提升学生的人文素养。

3. 利用建构化学概念图,感受思维的逻辑美。促进知识的网络化水平,不断修正、充实和发展学生的知识结构,从而促进学生的意义学习,合作学习和创造性学习。

三、课程内容

"魅力化学"课程内容的整体设计思路是:在组织教材内容框架时,遵循初中年级认识事物的特点,在内容上注重引发学生的兴趣,充分开发化学史中适合于课程资源的教学内容,并结合目前现代科技的发展让学生认识科技改变了生活。利用学校化学实验室的资源,让学生在实验室中发挥自己的创意,结合课程制作化学小作品,从而发展学生的思维能力和动手实验的创新能力,增强学习的自信心和主动性。

(一)"化学史"小故事,感受科学精神

化学史是世界自然科学的瑰宝,它不仅记录了化学科学的孕育、产生、发展过程和演变规律,而且以不可替代的独特方式积累了自然科学的发现和研究方法,体现了人类在了解世界、创造世界过程中表现出的人类智慧和科学态度,体现了人类精神文明的优秀成分,是科学精神最集中的载体。以学科史为背景展示化学和运用化学,会

使得学生对科学的理解更上一个水平,同时又感受到科学家在寻求科学真理中所表现出的坚持不懈,不怕困难的精神,这对培养学生坚强的学科意志品质是非常有帮助的。

(二) 趣味小实验,体验化学的魅力

化学是一门以实验为基础的学科,化学实验本身就充满了一定的新奇性,因此我们可以充分挖掘实验本身的趣味性,激发学生学习化学的兴趣,从而提高学生学习化学的积极性。美国心理学家布鲁姆说:"学习的最好刺激乃是对所学材料的兴趣。"兴趣是最好的老师,是学生探究知识的原动力,是发展学生思维,激发学生主动学习的催化剂,是调动学生学习自觉性的一种内在动力。教师在课堂中运用趣味实验激发学生学习化学的兴趣,从而营造轻松、有趣的学习氛围,不断提升学生学习化学的兴趣。例如从花瓣中提取酸碱指示剂、"美丽蓝宝石"硫酸铜晶体的制取等实验都能让学生在动手实验中提升思维品质。教师在选择趣味实验时要充分考虑学生已有的知识经验,从他们身边熟悉的物质入手,让他们从身边的物质中感受化学世界的奇妙,体验化学课堂的魅力,并跟着教师的步伐走进化学世界去探究化学的奥秘。

(三) 化学概念图,了解知识建构的魅力

帮助学生建立概念图,有利于提高知识的网络化水平,不断修正、充实和发展学生的知识结构,并最终在头脑中建构起清晰的学科知识体系。在化学教学中,教师不仅教给学生现成的化学知识,还应该帮助学生挖掘出知识的内在联系,组织、引导学生建构合理、完善的化学概念图,从而让学生感受到知识建构的魅力。学生在绘制化学概念图的过程中,会不自觉地流露出对认知的清晰框架,并以各种各样的图形表现出来,这反映出学生自己对知识理性认识程度。由此可见,化学概念图的充分使用有助于建构和评价学生的知识体系,促进学生的意义学习和创造性学习,最终使学生感受到知识建构的魅力。

(四) 合作学习,激发化学学习的魅力

合作的精神是现代人应该具备的优秀心理品质。具有良好的合作精神,才可以建立一种和谐、友好的学习氛围,形成民主、互助的学习关系,对培养学生学习的自主性和能动性起着十分重要的作用。在交流讨论中培养学生的组内合作精神,要求学生运用所学知识,围绕与所学知识相关的问题进一步思考,相互交流讨论,巩固深化所学知识,学会交流与共享,培养迁移能力和合作精神。习题评价讨论中培养合作精神,学生个体之间的互动交流多数出现在课堂练习和课堂讨论的过程中。最常见的是相邻的学生小组之间就上课内容或作业内容的讨论。学生就作业练习而进行的个体间的交流讨论,不仅可以完善学生的知识结构,拓宽思路,启发学生的思维,还可以培养学生的语言表达能力以及人际交往能力,更有利于学生的身心健康,培养合作精神。

(五) 调查访问体验科学研究一般方法

化学教学活动应该是一系列学生的自主学习活动,在高中化学课程标准中所提出的"活动与探究建议"中都有相关的调查访问。完成一次成功的调查访问需要完成下列工作:选择调查课题、拟定调查提纲、确定调查对象、实施调查访问、撰写调查报告等。这些工作的完成需要同学之间的共同讨论、共同协作,在调查访问活动中学生的交往能力、表达能力、组织和协调能力、团结合作能力都更能得到很好的培养和发展。例如"日用洗涤剂的研究"一课学习的目的是使学生对洗涤剂的去污原理、肥皂及合成洗涤剂的制备、洗衣粉对环境影响等知识有所了解。在社会调查活动中增强学生的社会实践能力,在收集资料、制备肥皂、洗涤剂的活动中,培养学生正确的科学态度,并初步了解学会科学研究的一般方法。

(六) 发现化学学科的形式美,陶冶学生的心灵美

审美是人文素养的重要组成部分,欣赏化学的美是化学教学培养学生人文素养的重要环节。化学中的化学美学是化学与人文的结合点。中学化学学科教育与其他学

科一样也具有美育功能,担负着培养学生感受美、理解美、鉴赏美、创造美的任务,化学教学过程中蕴藏着丰富而独特的美育源泉。化学的美首先表现在化学对人类的幸福做出的巨大贡献上。化学的本质上是求真、求善的,始终在追求与人类和谐共处,始终在为人类的幸福不懈努力。其次表现在化学的形式美,例如化学引人入胜的实验现象、规范有序和赏心悦目的实验装置、简明对称的化学符号等都给人以美的感受。另外化学存在内在的科学美,化学原理与定律以高度概括、简练的语言解释了纷繁复杂的物质变化,显示了高度凝练的简约之美。物质的化合和分解、元素周期表中递变规律都体现了化学学科和谐、运动之美。化学教师要以美的眼光引导学生欣赏化学之魅力,善于利用蕴含化学中美的素材,以美感染学生,培养学生高尚审美情趣,提升人文素养。

四、课程实施

本课程从化学趣味实验、化学史内容、科技与未来、建构知识的方法等相关资料及多种渠道中获取教学资源。每周一节课,共十一节课。

(一) 倾听并演讲"化学家小故事",提升理想和信念的作用

寻找相关化学家的事迹,以文本形式、视频、介绍以化学家命名的建筑、学校等,化学家孜孜不倦地追求真理、探索未知,可能他的一生默默无闻,但是他们的理想和信念却激励着后人不断地在科学的道路上前进。化学家的事迹对学生是很好的榜样,化学教师要善于发挥与教材相关化学家的榜样作用,针对性地把化学家的故事融合在化学课堂之中,使学生产生强烈的共鸣和震撼,他们的思想必将得到一次次的升华,潜移默化地影响、感召和激励学生从小树立坚定的信念和远大的理想。

(二) 亲手制作化学小作品,体验撰写实验报告

分小组合作根据实验的方案来制作实验报告,例如"从花瓣中提取酸碱指示剂",“美丽蓝宝石"硫酸铜晶体的制取,"动手做一杯草莓酸牛奶",这些课程设计是为了学生体验化学家的研究过程,激发学生学习兴趣,并学会欣赏自己和他人,感受团队合作的力量。

(三) 学会建构化学概念图,感受思维的逻辑美

教学中,带领学生制作单元或章节化学概念图。以建立化学学科知识的意义联系为目的的一种空间网络结构示意图,它可用于不同层次的概念、原理等知识的总结,如学生一天或几天学习的化学知识、一个学习单元以及一个学期学习的主要内容都可以制成概念图。大量的概念图的充分使用有助于学生建构和评价学生的知识体系,促进学生的意义学习、合作学习和创造性学习,感受到思维的逻辑美,提升学生建构知识的逻辑方法。化学概念图清晰的展示着思维的发展过程,在教与学之间架起了一座"逻辑"的优美设计的桥梁,让人类的"智慧"行走于其中。

(四) 欣赏化学学科内在科学美,陶冶学生的心灵美

制作科学小报,寻找化学内在的科学美,如化学引人入胜的实验现象、规范有序和赏心悦目的实验装置、简明对称的化学符号等都给人以美的感受;化学原理与定律以高度概括、简练的语言解释了纷繁复杂的物质变化,显示了高度凝练的简约之美。物质的化合和分解、元素周期表中递变规律都体现了化学学科和谐、运动之美。以此引导学生欣赏化学学科的魅力,善于利用蕴含在化学中美的素材,以美感染学生,培养学生高尚审美情趣,提升人文素养。

(五) 展望未来,科技改变生活

开设《科技与生活》小讲座,拓展课外知识,展望未来的生活,让学生了解科技可以让生活更美好,科技可以服务于生活。

五、课程评价

本课程主要采用每月的基本常规形式的评选活动为主的过程性评价,个别小项的等第性评价,以期末检测为主的结果性评价以及以综合展示和资料整理归类为综合性评价,通过这个循序渐进的评价过程,我们可以了解学生在学习上的欠缺,及时提供帮助。同时,在评价过程中,必须重视和尊重学生的观点,要尽可能地从正面激励,给予学生肯定和赞赏。具体的评价方法如下:

(一)过程性评价

每月,结合学生课堂上的表现、课堂上学习状态和课堂交流讨论展示情况评选出"小小化学家"。

班 级	姓 名	出 勤	积极回答问题	小小化学家

(二)等第性评价

分为演讲"化学家小故事"、化学小作品、化学概念图绘制、科技小报四个部分,以A优秀、B良好、C合格、D不合格为评价等级。

内 容	班 级	姓 名	等 级
演讲"化学家小故事"			
化学小作品			
化学概念图绘制			
科技小报			
总评 (优、良、合格、不合格)			

(三) 综合性评价

期末,设计综合性知识竞赛活动,结合学生的实验探究报告,给予学生综合性的评价。

	知识竞赛	实验探究报告
所占总成绩的比例	70%	30%

（撰稿者：陈朱宏）

后　记

教育，就像一条静静流淌的河。不管山高途远，风雷激荡，它按照自身固有的坐标，静静流淌。教师作为这条长河上的"摆渡人"，带领着学生穿越知识的海洋，跨过生命的宇宙。

2015年，"二中人"翻开了课程建设的崭新篇章，每一位教师都自觉进入到课程研发中，并以拥有自己个性化的特色课程为教育教学追求，学校的课程也因教师的转变鲜活起来，生动起来。这本书每一章、每一节都真实地记录了"二中人"在课程实践中的探求情愫、辛苦付出和耕耘收获。

课程即生长。"课程"与"教师"是教育领域的两个核心概念，二者相互依存、相互影响，课程改革离不开教师的课程参与，教师教学以课程为依托。学校长期以来注重队伍的建设，发掘教师巨大的课程能量，为教师的专业发展提供帮助；学校定期开展培训并且加强校本研修的力度；学校还注重培养教师的科研能力的提升，打破以教研组固有壁垒的限制形成科研共同体，为课程开发突破原本的学科限制提供专业师资的支撑。教师在集体参与或合作研究中相互学习、共享学科经验，也成长为专业发展的实践共同体。全校无论是资深教师，还是新教师，无一例外都参与了课程实践的全过程。一个个改变的发生，让办学特色更加鲜明，让教师更加专业，让学生更加活跃。

课程即求索。在我们的课程研发中，老师们在郭纪标校长的带领下，孜孜以求，不断探索，形成了一系列具有二中特色的研修与管理模式：以研究的姿态，从课程主张入手，以丰富的社团、集会、探访的形式，通过构建多样化的课程内容与课程实施途径，创设多种形态的学习情境，提供纵深体验的学习经历。

课程即付出。在我们的实践研究中，我们要感谢上海市教育科学研究院杨四耕老师，从本书最初的构架，到完稿后字斟句酌的修改，他都给予我们许多的指导和帮助；感谢闵行区教育学院科研室庄明老师，在整个研究过程中给予了我们各方面的支持和帮助；感谢每一个参与课程实践的教师，每个创意的背后都是教师的不懈努力、不断追求卓越的执着和付出；更要感谢孩子们，他们在课程实践中的全情参与，成为我们不断实践、不断创新的最大动力。

　　课程变革是一条路，只有起点，没有终点。如何进一步扩大研究成果的辐射面？如何进一步总结出学校课程开发的一般规律和方法？如何将课程改革的理念真真切切地融入到每个教师自觉自愿的教学行为中？我们还有许多的未知，需要去探索！

教学诠释学	978-7-5760-0394-9	42.00	2020年9月
原点教学：提升区域育人质量的策略研究			
	978-7-5760-0212-6	56.00	2020年8月
聚焦学科核心素养的课堂教学	978-7-5675-8455-6	36.00	2018年11月
指向学科核心素养的课堂教学范式	978-7-5675-8671-0	54.00	2019年6月

学校课程发展丛书

数学学科课程群	978-7-5675-9445-6	58.00	2019年8月
科学学科课程群	978-7-5675-9593-4	34.00	2019年9月
核心素养与课程设计	978-7-5675-9462-3	46.00	2019年9月
语文学科课程群	978-7-5675-9441-8	56.00	2019年9月
品牌培育与学校课程	978-7-5675-9372-5	39.00	2019年9月
英语学科课程群	978-7-5675-9575-0	39.00	2019年10月
体艺学科课程群	978-7-5675-9594-1	34.00	2019年10月
跨学科课程的20个创意设计			
	978-7-5675-9576-7	34.00	2019年10月
学校课程与文化变革	978-7-5675-9343-5	52.00	2019年10月

品质课程实验研究丛书

学校课程框架的建构：HOME课程的旨趣与架构			
	978-7-5675-9167-7	36.00	2019年9月
聚焦育人目标的课程设计：红棉花季课程的愿景与追求			
	978-7-5675-9233-9	39.00	2019年10月

核心素养导向的课程设计：花园式课程的文化与聚焦

　　　　　　　　　　　　978 - 7 - 5675 - 9037 - 3　　48.00　　2019 年 10 月

学校课程文化的实践脉络：百步梯课程的逻辑与架构

　　　　　　　　　　　　978 - 7 - 5675 - 9140 - 0　　48.00　　2019 年 11 月

学校课程发展策略：SMILE 课程的逻辑与深度

　　　　　　　　　　　　978 - 7 - 5675 - 9302 - 2　　46.00　　2019 年 12 月

聚焦内涵发展的课程探究：芳香式课程的理念与实施

　　　　　　　　　　　　978 - 7 - 5675 - 9509 - 5　　48.00　　2020 年 1 月

以儿童为中心的课程：欢乐谷课程的旨趣与维度

　　　　　　　　　　　　978 - 7 - 5675 - 9489 - 0　　45.00　　2020 年 1 月

学校课程体系的建构："小螺号课程"的架构与创生

　　　　　　　　　　　　978 - 7 - 5760 - 0445 - 8　　45.00　　2020 年 9 月

特色学校聚焦丛书

每一个孩子都是一棵树　　　　978 - 7 - 5675 - 6978 - 2　　28.00　　2018 年 1 月

教育不是一个人的事："众教育"36 条

　　　　　　　　　　　　978 - 7 - 5675 - 7649 - 0　　32.00　　2018 年 8 月

不一样的生命，一样的精彩　　978 - 7 - 5675 - 8675 - 8　　34.00　　2019 年 3 月

童味正醇：特色学校的文化图谱　978 - 7 - 5675 - 8944 - 5　　39.00　　2019 年 8 月

特色普通高中课程建设探索　　978 - 7 - 5675 - 9574 - 3　　34.00　　2019 年 10 月

儿童是天生的探索者：360°科学启蒙教育

　　　　　　　　　　　　978 - 7 - 5675 - 9273 - 5　　36.00　　2020 年 2 月

做精神灿烂的教师：教师自我成长的 5 个密码

　　　　　　　　　　　　978 - 7 - 5760 - 0367 - 3　　34.00　　2020 年 7 月

| 让教育温暖而芬芳 | 978-7-5760-0537-0 | 36.00 | 2020年9月 |

跨学科课程丛书

大情境课程：主题设计与创意评价
| | 978-7-5760-0210-2 | 44.00 | 2020年5月 |

社会参与素养的培育模型与干预机制
| | 978-7-5760-0211-9 | 36.00 | 2020年5月 |

大概念课程：幼儿园特色主题活动设计
| | 978-7-5760-0656-8 | 52.00 | 2020年8月 |

核心素养导向的课堂教学丛书

| 漾着诗性智慧的课堂教学 | 978-7-5675-9308-4 | 39.00 | 2019年7月 |

转识成智的课堂教学：核心素养导向的历史教学
| | 978-7-5760-0164-8 | 40.00 | 2020年5月 |

学导式教学：学会学习的教学范式
| | 978-7-5760-0278-2 | 42.00 | 2020年7月 |